U0527862

同安窑系——珠光青瓷

杜志政 著

厦门大学出版社
国家一级出版社
全国百佳图书出版单位

图书在版编目(CIP)数据

同安窑系:珠光青瓷/杜志政著. ——厦门:厦门大学出版社,2017.11
ISBN 978-7-5615-6782-1

Ⅰ.①同⋯　Ⅱ.①杜⋯　Ⅲ.①青瓷(考古)-鉴定-中国　Ⅳ.①K876.34

中国版本图书馆 CIP 数据核字(2017)第 291443 号

出 版 人	蒋东明
责任编辑	薛鹏志
美术编辑	张雨秋
技术编辑	朱 楷

出版发行	厦门大学出版社
社　　址	厦门市软件园二期望海路 39 号
邮政编码	361008
总 编 办	0592-2182177　0592-2181406(传真)
营销中心	0592-2184458　0592-2181365
网　　址	http://www.xmupress.com
邮　　箱	xmup@xmupress.com
印　　刷	厦门市明亮彩印有限公司

开本	889mm×1194mm　1/16
印张	14
插页	2
字数	400 千字
印数	1～1 100 册
版次	2017 年 11 月第 1 版
印次	2017 年 11 月第 1 次印刷
定价	198.00 元

本书如有印装质量问题请直接寄承印厂调换

厦门大学出版社
微信二维码

厦门大学出版社
微博二维码

序

杜志政同志撰著的《同安窑系——珠光青瓷》(以下简称《同安窑系》)，与他之前出版的《珠光青瓷故乡——同安窑》互为姐妹篇。这是他关于珠光青瓷的又一本图文并茂的好书。

《同安窑系》一书的作者杜志政同志，花了多年的时间，踏遍福建、浙江等8省59个县（市、区），进行调查考察，潜心搜集第一手资料。他这种披星戴月，沐雨栉风的执着精神，非常感人，实在是值得我们学习和效仿的。可以这样说，他数十年如一日，利用节假日的时间，冒着严寒和酷暑，深入到山村僻壤，不怕苦，不怕累，一丝不苟地调查每一个窑，他这种任劳任怨，认真科学治学的精神和态度，我们应该给予充分的肯定和高度的评价。

《同安窑系》一书，是他花了数年的时间和精力撰写完成的新著。该书明确揭示同安窑系珠光青瓷主要集中分布在福建、浙江、广东等3省35个县（市、区），共有珠光青瓷窑50个：其中福建省24个县（市、区），有珠光青瓷窑35个；浙江省10个县（市、区），有珠光青瓷窑14个；广东省1个市，有珠光青瓷窑1个。因疑有珠光青瓷或与珠光青瓷有某种关联，他还对另外58个窑进行了调查，作为附录开阔视野。我们相信：将来还有更多烧造珠光青瓷的窑口被发现，它的分布范围将更广，分布的地域将更大，它的影响力和意义也就更大了。

杜志政同志对同安窑系珠光青瓷研究近20年，他提出了以同安汀溪窑为代表，生产青黄釉刻划花篦纹青瓷的窑系，即同安窑系。他首次提出赋予同安窑系珠光青瓷的"四点内涵"，是其对同安窑系研究的一种独特观点和看法，颇为新颖，实属难能可贵，值得赞赏。此次以某一窑系开展系列研究并出版《同安窑系》一书，在全国当属首例，为当下中国古陶瓷的研究开了一个好头。

该书从釉色、釉面、纹饰、技艺四个方面归纳出的珠光青瓷特征，给了珠光青瓷以全面的概括，并对 50 个珠光青瓷窑分别进行了论述和比较，进而提出了同安窑在珠光青瓷窑中的"中心"地位，是恰如其分的。对珠光青瓷及其关联窑的联系、珠光青瓷的"禅"意与"廉"意等部分，也都一一作了诠释和论述，在此也应加以赞赏。

《同安窑系》一书是对海上陶瓷之路研究做出的又一贡献。这里衷心祝贺《同安窑系》一书正式出版问世。我们相信：该书正式出版并与广大读者见面，对于加快同安窑系珠光青瓷的深入研究，推进海上丝绸之路建设，弘扬和继承我国优秀陶瓷文化，促进社会主义物质文明和精神文明建设都将起到积极的重要作用。

在本书即将出版之际，承杜志政同志之邀，为该书作序，现草就数言，不妥和错误之处，请指正。爰为之序。

叶文程

2017 年 7 月 20 日

于厦门大学东区 14-201 读书室

（原中国古陶瓷研究会会长、中国古陶瓷学会名誉会长、厦门大学教授）

目　　录

第一章　珠光青瓷总述 1

　　第一节　珠光青瓷概述 1
　　第二节　珠光青瓷的禅意与廉意 2

第二章　珠光青瓷工艺特征 3

　　第一节　珠光青瓷胎釉 3
　　第二节　珠光青瓷器形 4
　　第三节　珠光青瓷纹饰 5
　　第四节　珠光青瓷装烧 6

第三章　珠光青瓷与"海上丝绸之路" 7

　　第一节　珠光青瓷外销特性 7
　　第二节　珠光青瓷外销港口 8
　　第三节　珠光青瓷外销条件 9

第四章　珠光青瓷窑与相关瓷窑 10

　　第一节　珠光青瓷与传说瓷窑 10
　　　　一、珠光青瓷与汝窑 10
　　　　二、珠光青瓷与德清后窑 11
　　第二节　珠光青瓷与有关窑瓷 11
　　　　一、珠光青瓷与越窑瓷 11
　　　　二、珠光青瓷与耀州窑瓷 11
　　　　三、珠光青瓷与青白瓷 12
　　　　四、珠光青瓷与定窑瓷 12
　　第三节　同安窑珠光青瓷与有关窑珠光青瓷 12
　　　　一、同安窑珠光青瓷与龙泉窑珠光青瓷 12
　　　　二、同安窑珠光青瓷与松溪窑珠光青瓷 13
　　　　三、同安窑珠光青瓷与南安窑珠光青瓷 14
　　　　四、同安窑珠光青瓷与其他窑珠光青瓷 14
　　　　五、同安窑在珠光青瓷窑中的地位 14

第五章　珠光青瓷窑口 16

第一节　福建省
一、厦门市同安区
1. 汀溪窑 17
二、厦门市集美区
2. 磁窑 19
三、厦门市海沧区
3. 困瑶窑 19
4. 上瑶窑 20
5. 东瑶窑 20
四、晋江市
6. 磁灶窑 20
五、南安市
7. 南坑窑 21
8. 石壁窑 21
9. 荆坑窑 21
10. 高塘窑 22
11. 深辉窑 22
六、永春县
12. 玉美窑 22
七、漳浦县
13. 英山窑 22
14. 赤土窑 23
15. 竹树窑 23
16. 南山窑 23
17. 仙洞窑 23
八、长泰县
18. 碗盒山窑 24
九、东山县
19. 磁窑 24
十、莆田市
20. 庄边窑 24
十一、建阳市
21. 白马前窑 25
十二、武夷山市
22. 遇林亭窑 25
十三、南平市
23. 茶洋窑 25
十四、浦城县
24. 碗窑背窑 25

十五、松溪县
    25. 九龙窑 26
十六、顺昌县
    26. 河墩窑 26
十七、福州市
    27. 宦溪窑 26
十八、福清市
    28. 东张窑 27
十九、闽侯县
    29. 大义窑 27
二十、连江县
    30. 浦口窑 27
二十一、罗源县
    31. 八井窑 27
二十二、宁德市
    32. 飞鸾窑 28
二十三、霞浦县
    33. 半岭窑 28
    34. 下楼窑 28
二十四、福安市
    35. 首洋窑 28

第二节 浙江省
    二十五、江山市
        36. 碗窑 29
    二十六、衢州市
        37. 两弓塘窑 29
    二十七、金华市
        38. 厚大窑 29
    二十八、武义县
        39. 抱弄口窑 29
    二十九、永康市
        40. 瑶坛窑 29
    三十、义乌市
        41. 碗窑山窑 30
    三十一、乐清市
        42. 瑶吞窑 30
    三十二、苍南县
        43. 小心垟窑 30
        44. 大心垟窑 30
    三十三、泰顺县
        45. 玉塔窑 31

三十四、龙泉市
　　46. 金村窑 ... 31
　　47. 大窑 ... 32
　　48. 山头窑 ... 32
　　49. 大白岸窑 ... 32

第三节　广东省
　三十五、潮州市
　　50. 笔架山窑 ... 32

表一：古代珠光青瓷胎釉化学成分分析表 ... 34
表二：古代有关窑瓷胎釉化学成分统计表 ... 35
表三：古代珠光青瓷窑调查情况统计表 ... 36
插图：古代珠光青瓷窑址分布图 ... 38

图版 ... 39

附录——相关窑口调查及图录

一、福建省
　（一）厦门市
　　1. 碗窑 ... 160
　（二）泉州市
　　2. 东门窑 ... 161
　（三）南安市
　　3. 东田窑 ... 162
　　4. 蓝溪窑 ... 163
　　5. 岐山窑 ... 163
　（四）安溪县
　　6. 桂瑶窑 ... 164
　　7. 魁斗窑 ... 166
　　8. 三村窑 ... 166
　（五）德化县
　　9. 碗坪仑窑 ... 166
　　10. 屈斗宫窑 ... 169
　（六）漳浦县
　　11. 罗宛井窑 ... 171
　　12. 石步溪窑 ... 173
　　13. 美林窑 ... 173
　　14. 石寨窑 ... 173
　（七）云霄县

         15. 水头窑 174
　（八）诏安县
         16. 肥窑 175
　（九）莆田市
         17. 碗洋窑 175
　（十）仙游县
         18. 云居窑 176
         19. 碗边窑 176
         20. 圣山窑 177
　（十一）建阳市
         21. 建窑 177
         22. 华家山窑 178
　（十二）浦城县
         23. 大口窑 179
         24. 半路窑 179
　（十三）顺昌县
         25. 官山窑 180
　（十四）漳平市
         26. 鳌头窑 181
　（十五）三明市
         27. 垌瑶窑 183
　（十六）闽侯县
         28. 横列窑 183
　（十七）闽清县
         29. 义窑 184
         30. 大箬窑 185
　（十八）连江县
         31. 魁岐窑 185
　（十九）霞浦县
         32. 东山窑 186
　（二十）周宁县
         33. 硋窑 187
二、浙江省
　（二十一）金华市
         34. 汉灶窑 188
         35. 铁店窑 188
　（二十二）永康市
         36. 碗坑塘窑 189
　（二十三）东阳市
         37. 葛府窑 189
         38. 歌山窑 190

(二十四）临安市
  39. 天目窑（遗址群） ... 190

(二十五）慈溪市
  40. 上林湖窑 ... 191

(二十六）绍兴市
  41. 小仙坛窑 ... 192
  42. 帐子山窑 ... 192
  43. 傅家岭窑 ... 194
  44. 窑寺前窑 ... 195

(二十七）台州市
  45. 沙埠窑 ... 196

(二十八）瑞安市
  46. 外三甲窑 ... 196

(二十九）龙泉市
  47. 溪口窑 ... 198

三、广东省
 (三十）广州市
  48. 西村窑 ... 199
  49. 奇石窑 ... 200

四、江西省
 (三十一）景德镇市
  50. 湖田窑 ... 200
  51. 盈田窑 ... 201
  52. 胜梅亭窑 ... 202
  53. 黄泥头窑 ... 203

五、陕西省
 (三十二）铜川市
  54. 耀州窑 ... 204

六、河南省
 (三十三）汝州市、宝丰县
  55. 汝窑 ... 207
  56. 临汝窑 ... 208

七、河北省
 (三十四）曲阳县
  57. 定窑 ... 210

八、湖南省
 (三十五）长沙市
  58. 铜官窑 ... 212

第一章　珠光青瓷总述

瓷器是中国人民的伟大创造。在很长一段时间里，瓷器唯有中国能烧造，琳琅满目的中国瓷器传向亚洲、非洲和欧洲，所到之处皆受到人们的喜爱。瓷器的外销使得中国名扬四海，世人将瓷器与中国永远地结合在了一起。随着人类对海洋的不断征服，中国古陶瓷的对外输出逐渐从陆路转向海路，从唐开始，至宋兴盛，自宋代中期至元代早期近300年的时间里，满载中国瓷器等货物的船只，成群结队往来于大洋海面上，穿梭在从中国港口通往世界各地的"海上丝绸之路"上，这其中就有大量的珠光青瓷。

第一节　珠光青瓷概述

珠光青瓷之称是因日本茶道祖村田珠光之名而来，时人称之为珠光茶碗，后日本学者对这一类青瓷统称为珠光青瓷。珠光青瓷因1956年故宫博物院陈万里先生首先在福建同安发现[1]，继而以同安窑、同安窑系相称，同安窑成为珠光青瓷的代表。

什么是珠光青瓷，概括说就是青黄釉刻划花篦纹青瓷，而标准的珠光青瓷应涵盖以下四点：（1）釉色青黄，以同安汀溪窑枇杷黄为正宗，允许稍有偏差；（2）釉面光亮、透明、开片、玻璃质；（3）装饰技法为刻花、划花，或双面或单面；（4）装饰纹样以梳篦纹为典型纹样，以"米"字形荷花纹为标志性纹样。当然以上四点也不是绝对的，要根据实际情况具体对待。古时烧窑对火的控制是很难的，温度的高低，气氛的不同，出窑时瓷器釉色总有差别，有时甚至截然不同，偏绿、偏灰皆有可能；釉面应当开片，但也有的不开片，不开片是因釉浆多掺了草木灰，提高了熔融度，与胎的收缩系数趋于一致；印花、贴塑、雕剔等的装饰，一般是作为附加纹饰出现的，单独出现时不应作为珠光青瓷；纹饰方面，梳篦纹在珠光青瓷中运用最广，也最典型，但不是唯一的，有的只有刻花，没有划花，也仍有可能是珠光青瓷，因而梳篦纹虽有广泛性和典型性这一特点，但不是绝对的，也非必要的条件；"米"字形荷花纹似仅在这一青瓷中出现，其他白瓷、青白瓷以及越窑、耀州窑青瓷均未发现，似乎是陶瓷发展到这一阶段在烧造珠光青瓷这一局域范围内特定的"产物"，所以本书认为只要青瓷中有"米"字形荷花纹出现，则基本认定其为珠光青瓷。

此外，珠光青瓷还具备两个特征：一是底足裸露无釉，或多或少，有的施"半釉"，有的施釉至足根，但至少是圈足内无釉。二是胎色为灰白色，或深或浅，深者近黑色，浅者近白色，但浅者再浅也不会是白胎。以上两个特征，不仅在珠光青瓷里显现，而且在很多宋代瓷窑里也常见，所以未当作珠光青瓷的构成要素。

对于珠光青瓷的认识，目前还不尽统一。除了以前学者关于珠光青瓷"汝窑工匠南渡"说和"德清后窑"说外，日本新派学者又有新的看法。他们认为珠光青瓷仅从日本茶会记里的描述很难确定，认为珠光青瓷应涵盖以下四条：（1）青黄色釉面；（2）外壁有二十六七条刻线；（3）有手重感；（4）内底刻有"福"字。第4条因为各茶会记的记录不一致，所以可忽略，但前3条至为重要。经笔者调查，内底刻印"福"字的瓷器，在龙泉窑确有发现（图354、355），但时间是在元明时期了，器外也无刻线（即沉线），其他窑青黄釉瓷尚未发现内底刻有"福"字的。前3条与陈万里先生1956年在同安窑址所发现的珠光青瓷的特点是基本一致的：青黄色釉面，外壁满刻或分组刻划线条，胎体粗厚（手感较重）。有所不同的是，外壁刻线较二十六七条多，《珠光青瓷故乡——同安窑》[2]一书有一珠光青瓷标本（图2）是一款标准的宋代斗笠碗，器形姣小轻巧，外壁满刻折扇纹，也即沉线，36条，是最接近日本学者关于珠光青瓷上述三条内涵的了，除内有"福"字这一条忽略外，日本学者关于珠光青瓷的看法与以陈万里先生关于同安窑珠光青瓷的看法，实质是一致的。

当然，他们所说的手重感可能还有另一层意思，即手感较重的原因在于器底厚，而侧壁不一定厚。此种类型的器物也有，主要在南宋时期龙泉地区的窑口中发现（图372），但这类器物与珠光青瓷的"时代造型"偏离较远，所以本书未将其划在珠光青瓷之列。相信村田珠光喜爱的茶碗也不可能是这等模样。

此外，古代制瓷是人工拉坯、人工施釉，修坯的精细程度和施釉的控制，随意性是比较大的，是精是粗，有意无意，全在人为，每个窑都有可能出现精品或粗品。龙泉金村窑、同安汀溪窑、松溪九龙窑、南安罗东窑、江山碗窑等的珠光青瓷相对精致，比日本根津美术社、出光美术社所藏珠光青瓷还要精美。

珠光青瓷为青瓷的一种。陶瓷自诞生开始即是青瓷，直至隋代出现了成熟的白瓷，至唐形成了以越窑为代表的"南青"和以邢窑为代表的"北白"的局面。至宋，青瓷刻划花装饰由简及繁发生了质的飞跃，越窑盛极转衰，定窑独树一帜，耀州窑炉火纯青，龙泉窑后来居上，它们各自代表了自己特有的装饰风格：越窑刻划风格纤细勾勒；定窑刻、划、印技艺如行云流水，登峰造极；耀州窑深刀剔刻，凸显立体感；龙泉窑刻划花装饰转瞬即逝，很快以美轮美奂的釉美所取代，它们分别被称作越窑青瓷、定窑白瓷、耀州窑青瓷和龙泉窑青瓷。而珠光青瓷又是另外一种风格。笔者试曾想从成熟陶瓷发祥地找到些许线索，终于在帐子山窑址发现类似于珠光青瓷残片（图510），经与现场专家鉴定，其生产年代约在北宋中晚期，与同期同窑产的其他青瓷显然不是一类，是"越窑的另类"，也就是同安窑系的这类青瓷。随后接连两次奔赴上虞，惜仅此一片，再未找到踪影，也正因如此未将其列入珠光青瓷窑。从龙泉窑看，存在着"质颇粗厚"的一种，非正统龙泉窑，而是龙泉窑的"另类"，也就是同安窑系的这类青瓷。那么按越窑青瓷、耀州窑青瓷、龙泉窑青瓷这样，依此类推将同安窑这一类青瓷称为"同安窑青瓷"是顺理成章的。

这是从学术的观点看理应如此，更何况有的专家根本就不赞成珠光青瓷的称谓。所幸同安窑青瓷名称已被纳入《中国古陶瓷图典》[3]并解释为珠光青瓷的另一种称谓。但是同安窑青瓷与珠光青瓷还不能完全画等号，因为同安窑青瓷实际包含两类青瓷：一类是青黄釉瓷，即"同安黄"；另一类是青灰釉瓷，即"同安青"。珠光青瓷仅是青黄釉瓷中那部分刻划花的青瓷，青黄釉中未刻划花的这部分青瓷和另一类青灰釉瓷是不能归入珠光青瓷类的。因此，同安窑青瓷、珠光青瓷两种名称虽为同一所指，但实际内容又有所不同，所以把青黄釉、刻划花、光亮透明玻璃质的那一类青瓷分离出来专称珠光青瓷无疑是最为精准的，否则容易产生歧义。

第二节　珠光青瓷的禅意与廉意

珠光青瓷之名源于日本禅宗的重要人物——村田珠光。村田珠光是日本的茶道祖，他将其修禅悟得的禅法融入饮茶文化，开创了"茶禅一味"和融哲学、宗教、艺术、礼仪为一体的日本茶道，引领了日本新的茶风，让茶文化转向崇尚朴素、自然、平等、清廉、自我，鄙弃了追逐名利、趋炎附势的世风。

饮茶离不开茶具，茶具中最重要的当属陶瓷茶碗。正是因为村田珠光对青瓷茶碗的喜爱，让珠光青瓷茶碗与禅结缘一体。在日本现藏有三个完整的珠光青瓷茶碗，其中有的还有使用过的痕迹[4][5]。日本"斗茶会上使用的茶具，基本上来自中国"。通过茶会，茶人从不知何为"唐物"，到赏识诸多茶具，特别是茶碗；而又从精美华丽的"唐物"超脱出来，由一件平凡的器物中发现其独特的内在的东西，学会驾驭各种欲念，"成为心之师"。在这里茶起到了关键的作用，从而在历史的某一节点上，瓷、茶、禅三者自然地走到了一起。

在佛教中莲花是佛的化身，用莲花来装饰器物，象征佛光普照、如意吉祥，清静纯洁。莲花与佛提倡的"超脱尘世"的思想极为吻合，莲花被奉为"佛门圣花"。走过众多珠光青瓷窑址，看过无数珠光青瓷标本，发现在珠光青瓷装饰中，莲花纹是应用最多的纹饰，一朵盛开的莲花、一枝伸展的莲叶都是瓷作最好的题材。以莲花或莲叶，以苞莲或折枝莲，以单莲或多莲，以单层莲瓣或多层莲瓣；以写实莲或写意莲，以莲为主题或以莲为辅助；或内里或外壁，均表现得淋漓尽致。珠光青瓷与莲相通、莲与禅相随相伴。

有宋以来，似乎整个社会崇廉倡俭。中国历代皇帝当政第一件事就是为自己建造豪华陵墓，梦想死后也享荣华富贵。唯宋朝是例外，宋朝经济世界第一，可皇帝主张给自己修建陵墓时一切从简，只要隆起个封土堆即可，随葬品也极少，到了"盗墓贼不愿去，考古专家不爱理"的无人问津的地步，成为历朝历代最穷最寒酸的皇陵。在珠光青瓷窑址，所到之处几乎"遍地是莲，无窑不莲"，这让我们感触到那个时代，那个社会以至整个世风的朴素、清廉。《爱莲说》正是在这一时代创作出的名篇，莲花洁白鲜艳，"出淤泥而不染、濯清涟而不妖，中通外直，不蔓不枝"，光明磊落，充分表达了文人不与世俗同流合污的圣洁品格。大量莲花纹被引入珠光青瓷创作，"莲与廉同音，莲与廉同心"，可谓相辅相成、相得益彰。

第二章　珠光青瓷工艺特征

经过东汉以后千年成熟陶瓷烧造的积淀，至宋代，在瓷土选料、制坯、施釉、装饰工艺等诸多方面都大有改进，分工更加明细。制瓷工序大体上分为：取土、粉碎、淘洗、陈腐、练泥、拉坯、修坯、装饰、施釉、装窑、烧窑、出窑等十几道，每道工序都有固定的模式和专业的工匠，制瓷业社会化程度越来越高。窑场规模空前，一处窑场往往不只一座窑，而是数座、数十座都有。

珠光青瓷不同于官窑，也不同于一般的民窑。官窑由朝廷直接控制，讲求奢华，不计代价，烧成的瓷器只能用于皇室。珠光青瓷作为外销瓷，既要考虑减少成本以求"价廉"，又要考虑受人喜欢达以"物美"。

买者翘首以盼，造者急于求成。珠光青瓷外销靠的是薄利多销，因销量大而带来利润，因产量大而熟中生巧、快中出美，珠光青瓷成为这一时期最受欢迎的中国陶瓷。珠光青瓷虽不具官窑贡瓷的性质，却以光亮透明的釉色美和洒脱奔放的纹饰美，赢得了世人的喜爱；它自成一系——同安窑系，与宋代定窑系、耀州窑系一起衬托了宋代陶瓷刻划花装饰之美，在中国瓷史上留下了灿烂的一页。

第一节　珠光青瓷胎釉

珠光青瓷的制坯原料与当时其他制瓷用料是基

本相同的，胎的主要成分是SiO_2、Al_2O_3，少量的Fe_2O_3、CaO、K_2O、Na_2O以及微量的TiO_2、MgO、MnO、P_2O_5等。胎土还不是优质高岭土，仍属普通瓷土（石）或掺用少量优质高岭土，但较之以前无论从原料开采到粉碎、淘洗、陈腐、练泥，整个过程越来越选优，越来越精细，胎体致密，胎色趋白，烧结度提高。从各地情况来看，浙江龙泉窑胎质最好，福建松溪、霞浦下楼、同安汀溪、南安罗东一带大部分的胎质要好于其他地区，越是靠向山区、靠向内陆的地区越是好于最沿海的地区。最沿海地区的瓷胎往往含有砂质（罗宛井窑例外），甚至是半陶半瓷的性质，如晋江磁灶窑、漳浦赤土窑、连江浦口窑、厦门磁窑等。珠光青瓷胎相对于青白瓷，铝含量不很高，如同样是汀溪窑产品，其珠光青瓷胎Al_2O_3含量为16.45%，而青白瓷胎Al_2O_3含量为21.25%（表一、表二）。珠光青瓷耐火度不及青白瓷高，高温下容易变形，所以在窑址遗迹中，经常看到有整摞黏连在一起的珠光青瓷碗。也由于珠光青瓷用料不是最好，胎质较粗，可塑性不很强，所以胎体相对青白瓷做的要厚重些。珠光青瓷胎色多为灰白，灰的程度有深有浅，深者近黑，但不会纯黑；浅者近白，但不会纯白。闽北地区及龙泉瓷窑的部分胎为灰白、灰、灰黑胎兼有，闽南瓷窑的胎基本为灰白胎。

在施釉工艺方面，主要是蘸釉。蘸釉是用手抓器足倒立斜插入釉浆中浸湿即提起的过程，一次性，速度快，效率高。但因此常常蘸釉不及底，底足露胎无釉，足墙常留有手抓痕。大多数珠光青瓷窑的釉料比较纯净，釉料中主要以氧化钙为助熔剂，在正常气氛温度下烧成后，釉面显得匀净、通透、玻璃质感强，釉色为标准的枇杷黄色。越是到晚期，胎的成分越是纯，高岭土比重相对增加，釉料中草木灰的含量也相应增加，胎釉收缩系数趋于一致，釉面不再开片，釉面玻璃质感减弱，开始有种朦的感觉，这点在龙泉东区窑表现得比较明显，加上造型纹饰的变异，龙泉东区窑（图372）连同金村窑（图351）晚期的这部分虽仍是刻划花青瓷，但从严格意义上说已不是珠光青瓷了。

第二节　珠光青瓷器形

珠光青瓷造型总体符合宋代审美趋向，具备同时代其他器物特征，总体偏瘦、细、长、薄，器物"高挑"，各部位匀称，棱角分明。上述特征是相对的，是相对于前期的唐，后期的元明以及同一窑中的其他青瓷、酱釉瓷、黑釉瓷而言；但相对于同期的名窑以及同一窑中的白瓷、青白瓷而言，仍显得胎体较为厚重，质地较为粗放。珠光青瓷器形种类不很多，主要有碗、盏、碟、盘、洗、钵、盖、盒、瓶、壶、炉、枕、水注等13种，其中以碗、盏、碟、盘、洗类为大宗，总体占九成以上，甚至多数窑也仅生产这几个品种而已。珠光青瓷每一种类的局部造型亦有多种，从碗的口沿制式看，有敞口、撇口、敛口，有唇口、圆口；从碗的腹部造型看，有深腹、浅腹，有斜腹、弧腹、直腹、折腹；从碟、洗、盒看有圈足、卧足、平底、凹底；此外壶瓶有长颈、短颈，基本与宋代同时期同一类造型相同，但黑釉瓷中常见的束口造型碗，在珠光青瓷窑中未见。珠光青瓷为轮制手工拉坯成型，造型尺寸没有绝对的一致。如碗盘类圆器的口沿不会绝对的圆，执柄、曲流没有绝对的正，底足旋削没有绝对的工整，与元以后的模制成型有着显著的区别。珠光青瓷每一种类型都有一定制式，在各个具体的窑口中又有所差异，除了具有同时代制瓷的普遍特征外，还具有各地区窑口各自的个性。珠光青瓷外销的主要用途是以生活用瓷为主，其中以碗、盏盛水、喝茶、饮酒用较为普遍；其次为礼仪摆设用品，如瓶、壶等；有的为书房用具，如洗、小水注等。

第三节　珠光青瓷纹饰

珠光青瓷出于北宋陶瓷装饰的大发展时期，北方以耀州窑刻剔花和定窑刻划花为代表，将陶瓷纹饰技术水平推上空前的高峰；南方浙江龙泉窑汲其所长，将刻花、划花技艺运用到珠光青瓷之上，尽而迅速传播；至同安窑生产时期，珠光青瓷纹饰再次发展飞跃，变得洒脱奔放，达到了炉火纯青、出神入化的境界。同安汀溪窑、龙泉金村窑、松溪九龙窑是珠光青瓷纹饰最高成就的代表。

珠光青瓷的装饰手法是刻花、划花和戳印，方法是在尚未干透的坯胎上以刀具或篦状工具进行刻、划、戳印的工序。常以刻线构图，间辅篦纹，刻划的线条多为粗犷、洒脱、豪放、疏朗，唯少数精品纹饰布局相对稠密繁缛，中规中矩，甚至略显拘谨。此外印花、剔花、镂空也为珠光青瓷所用，但仅作为附加装饰，仅有附加装饰的青瓷不能称之为珠光青瓷。

珠光青瓷的纹饰最有来历的当属"沉线"，对沉线的理解，本书认为主要有两种：第一种是用梳状工具或刀具在器壁外侧划刻，刻划出的线条或满面均分排列，或分组间隔排列。满面均分者多在数十条至百余条；分组者每器数组，每组少者几条，多者十几条不等，组数多在五至十组。以梳状工具刻划出的纹样叫"梳齿纹"或"猫爪纹"，以刀具刻划出的线条叫线纹（或条纹、条形纹，下同）。此两种纹样均可通称为线纹。其中满面分布的线纹呈伞骨状，或可称作"伞骨纹"。第二种是刀具斜入削刻，削刻出的线条一侧深一侧浅，满面分布，线条在器外斜向均匀排列，犹如一把打开的纸扇，兹将其称作折扇纹。过去有的把以上两种纹饰混为一谈，或都称作折扇纹，或都称作"猫爪纹"是不妥当的：第一种线纹，线条没有一侧深一侧浅，称其折扇纹明显不妥；第二种折扇纹，是一刀刀一条条削刻出来的，不是用梳状工具一组组刻划出来的，称作"梳篦纹"或"猫爪纹"也明显不妥。但是，如果把两者都称作"沉线"（日本称）则是完全可以理解的。

梳篦纹为珠光青瓷典型纹饰。使用工具为梳篦状，有竹制、铁制抑或骨制。纹样或点或线，或粗或细，或直或弧，或主或辅，表现千变万化。大致可区分为篦点纹、篦线纹两种，再进一步细分，则可将篦线纹区分为篦划纹和弧线篦纹，这样共三种。篦点纹是以梳篦状工具在胚体上戳印成排，继而成片的点状纹样，常常以"之"字形排列；篦划纹是以梳篦状工具在胚体上轻轻划出的平行直线纹样，大多在器内花朵、花瓣内出现，也有的在器外壁的莲瓣内出现，还有的作为沉线；弧线篦纹是以篦状工具在胚体上轻轻划出的成组的弧线纹样，多在刻好的花瓣内出现，以表现花叶之茎脉；有些是以弧线篦纹组合在器内成组分布，以表现出水波荡漾的状态。

莲纹是珠光青瓷最多见的主题纹饰，表现形式多样。有的以缠枝莲形式，有的将莲花、荷叶两两相对刻划于器物内壁，有的以朵莲花出现在器物内壁，还有的以莲瓣形式出现在器物外壁；也有采用剔刻技法刻成多层莲瓣于器身的外壁。莲纹在同安窑最为丰富，或花肥叶茂，或细长秀丽；或含苞待放，或畅笑盛开；或迎风摇曳，或婀娜静立，皆栩栩如生，如临其境。有一种形如"米"字状的花卉纹饰，经多年来的观察，笔者以为其仍是荷花纹，是一种盛开过后时节的荷花（作者曾数次到厦门南普陀荷花塘观察），是刻划工匠们在熟练了的刻划装饰中匠心独运的体现，是熟能生巧的创新。由于这一纹饰仅在珠光青瓷中发现，所以笔者将其作为珠光青瓷标志性纹饰。这种纹饰在松溪九龙窑中使用最为娴熟，最为多见（图 207~209）。卷草纹、蕉叶纹、牡丹纹、菊纹以及其他花卉纹也比较多见，它们也都同莲纹一样刻划于器物内壁。以卷草纹为主题纹出现时，往往伴随有篦点纹、篦划纹作为辅助纹饰。在同安窑荷花纹往往单独出现，不辅加篦纹。鹿纹珠光青瓷在同安汀溪窑大量发现，多以印花形式印于器物内底，也有的以刻方式，刻于器物内底（图22）。同时期鹿纹还见于漳浦罗宛井窑（图429）、漳平鳌头窑（图469）与云霄水头窑的青白瓷中，印于内底，外加四边形双框。金村窑亦有发现带鹿纹的器物标本，印在内底模糊不清，是元明时期的了。因此珠光青瓷刻印鹿纹者仅有同安窑，鹿纹自然成了同安窑珠光青瓷的标志。鹅纹、婴戏纹较鹿纹少，多刻划于碗的内壁，其中群鹅洗浴纹（图22右上）在同安窑首现。弦纹也是常见纹饰之一，多用于器物内壁口沿下。主题纹饰一般从弦纹以下展开到内底交界处结束，但也有的满壁刻划，甚至不分器内器外，不分主辅（图215）。珠光青瓷碗心常有一圈"凹线"，即所谓碗心"线环"，也有的称作"圆环"、"圆窝"，多在内底与器壁交界处，为工匠以刻刀旋刻而成，这样一可增其美感，二可为纹饰布局作一区分，与内壁口沿下弦纹相互对应，此种状况以同安窑碗类最常见。

因为有纹饰，所以瓷更美。同安窑珠光青瓷因为有纹饰所以在同窑瓷中是最美的，同安窑如此，龙泉窑、松溪窑、南安窑、漳浦窑等莫不如此。在窑址考察中，每每发现一片珠光青瓷，往往眼前一亮，因为它不同于其他素面青瓷和青白瓷"一片空白"，这些活生生的构图纹样，承载了能工巧匠们的孜孜追求和无上创造。

珠光青瓷款识在多数窑并不多见，但在某些窑口，也常见内底刻印文字。如松溪窑珠光青瓷内底常印"张"、"吉"字；南安罗东窑珠光青瓷内底印"吉"、"大吉"字；漳浦窑珠光青瓷内底刻"社"、"师"、"祠"等多种文字。同安汀溪窑珠光青瓷则有鹿纹，鹿纹既是一种装饰，也是一种特制的图案标识款。

第四节　珠光青瓷装烧

珠光青瓷窑地处闽浙粤一带，大多为龙窑，依山坡而建，从早期的十几米，到普通的五六十米，长的达百米。斜度一般呈10~20°角。龙窑并非为直线夹角，中间往往分段，或陡或缓；也并非在一个垂直平面上，中段常有拐弯。龙窑多为柴烧，温度最高一般在1180℃~1300℃。龙窑一次性装烧容量大，容易升温、降温，生产周期缩短，产量大幅提高。

装烧多用漏斗形、M形、筒形三种匣钵。漏斗形匣钵，直口斜腹尖底，宜装深腹形器物，定窑、景德镇窑系多用之；M形匣钵剖面形如M，宜装浅腹形器物，越窑、龙泉窑、耀州窑系多用之；筒形匣钵状如水桶，底平，宜装瓶、壶、罐等琢器及高、大件器物，各窑系均有使用，但用量都不很大。在珠光青瓷方面，以金村窑为代表，浙江窑大多数和福建松溪窑等多用M形匣钵，而大多数珠光青瓷的装烧以同安窑为代表，福建窑多数，以及浙江江山碗窑等则多用漏斗形匣钵。装窑时，器底与匣钵间多以泥质垫饼间隔。金村窑少有发现叠烧的情况，松溪、浦城窑则大量运用。同安汀溪窑珠光青瓷则全部采用一器一匣装烧，没有叠烧的情况。关于匣钵使用，除桶形的以外通常在漏斗形和M形中择用其一。而漳浦英山窑漏斗形、M形两种同时并用，是比较少见的，此外汝窑也有这种情况。

装烧方法多见仰烧法、叠烧法。仰烧也叫正烧，为多数珠光青瓷装烧采用。此法将坯件正放于匣钵内，装坯时先在匣钵内放一泥渣垫饼，然后将坯件安放于匣内垫饼之上，放稳，再在装好的匣钵之上擦放第二个匣钵、第二个坯件，一匣一器，如此反复，一直向上摞放。叠烧法有两种：一种是泥钉垫隔叠烧法，如松溪九龙窑、浦城碗窑背窑、金华厚大窑，在M形匣钵上常常放置二至三个坯件，器物间以泥钉垫隔，"一匣二器或一匣多器"，如此反复，匣钵一直向上摞放。匣钵装烧法在窑床第一层的匣钵通常是半埋土中且是空置的，目的是在有斜度的床面上取平并固定，以便其上平稳叠放带坯件的匣钵。另一种是刮釉叠烧法，先将器物内底刮釉一圈，装窑时将器物坯件直接放于垫柱之上，然后将坯件一一向上摞放，此法基本是裸烧；也有的将刮釉好的器物坯件摞入桶形匣钵，一匣数件入窑装烧，此法以南平茶洋窑、浙江苍山窑多见。龙窑装烧量巨大，一般60多米长龙窑一次装烧可达2万件。

烧窑是最为关键的环节，历经十多道工序，数百人劳作，因烧窑不好，则前功尽弃。烧窑需要6~8天时间，通常由前及后分段点火，之后及时添柴，及时观察，控制火焰，不时钩出火照查看火候直至烧成。烧窑火候是最难控制的，烧窑时窑工们往往要择好日子，烧香拜窑神。在周宁县硋窑就有着"九十九窑上百香"，唯恐落下哪一窑烧不成的传说。关于"皇帝嘴乞丐身"的故事，在窑址也多有盛传。"皇帝嘴乞丐身"者为罗隐，传说他本有帝王之份，但因其母喜不自禁，违反天条，触怒玉帝，被"脱胎换骨"，仅保全一口利嘴。所以很多窑址村落，只要罗隐来窑乞讨，窑人未予善待，罗隐便出口成谶而致"窑倒"。罗隐在历史上确有其人，生于公元833年，自幼才学出众，为人正直"狂妄"，诗文常具讽刺意味，不为上流接受，屡试不第。后因长年漂泊乡里，了解民间疾苦，为百姓解难，深受群众爱戴。罗隐生年与珠光青瓷烧造并不在同一时代。所谓"窑倒"也有多种原因，其中瓷土、林木不断开采、砍伐而致资源匮乏是重要原因之一，也正因如此，"越是往后的窑，越往山里去"。

第三章 珠光青瓷与"海上丝绸之路"

瓷器的外销途径有两种：一条陆路，另一条海路。陆路以丝绸为主，即通常所说的丝绸之路；海路以瓷器为主，即通常所说的"陶瓷之路"，又称"海上丝绸之路"。"海上丝绸之路"始于秦汉，成熟于唐五代，兴盛于宋元。珠光青瓷正是宋元鼎盛时期作为专门的外销瓷，沿着"海上丝绸之路"，走向异国他乡的。

第一节 珠光青瓷外销特性

珠光青瓷在国内少有发现已是众所周知。2001年同安宾馆西侧北镇巷建筑工地在挖地基时，笔者采集到几片珠光青瓷碗片，跟汀溪窑址出土的完全一致，据说这里曾是宋代进士的宅地；在南安博物馆存有一个珠光青瓷碗，据介绍是因工地开发出土一批陶瓷，其中一个口部仰面盖着这个碗，此碗为南安窑产品无疑。除此而外，目前再未发现珠光青瓷的踪影。

然而，我们将目光往海边转移则时有发现古代珠光青瓷碎片，厦门翔安澳头古渡口、厦门岛五通码头、泉州晋江安海建筑工地（底部为海滩淤积）等均有一定数量的出现。这些珠光青瓷碎片，应为当时通过各海岸码头转往外销港口时所遗留的遗迹。

珠光青瓷在日本、菲律宾等东南亚国家和地区均有出土，尤其是日本镰仓海岸、唐津山麓遗址和太宰府附近、福冈湾底以及福山草户庄等地的镰仓时代遗址等都有大量出土，也印证了珠光青瓷的大量外销。

南宋地理学家赵汝适时任福建路泉州市舶司提

举，其所著《诸蕃志》记载，时有 35 个国家购买中国瓷器，其中有大量珠光青瓷是可以肯定的；元代航海家汪大渊著《岛夷志略》记载瓷器销售达 58 个国家和地区。

窑口有生产，海边有发现，海外多国有出土，这足够说明中国陶瓷是通过海运出境出海输出到了世界各地。

这还可以从海底沉船略知一二。据中国历史博物馆水下考古研究中心统计，中国海域下"沉睡"着 2000~3000 艘古船，其中又以宋元时期的船居多。据泰国曼谷大学东南亚陶瓷博物馆数据，东南亚国家正式登记的已经打捞出沉船的地点有 100 余处，沉船 200 余艘，这些沉船有来自中国的，也有来自欧洲、中东地区的，而所有这些沉船装载的货物都是来自中国。1998 年发现的印尼勿里洞黑石号唐代沉船打捞文物 67000 多件[6]，陶瓷占比约 98%；南海一号宋代沉船截至 2016 年 1 月 5 日出水文物 14000 余件套，陶瓷占比约 93%。

从中国水下考古成果可见珠光青瓷的外销踪影。华光礁一号南宋沉船出水有不少珠光青瓷，而这艘沉船"最大可能"是来自于福建的"福船"，从《西沙水下考古》（1998-1999）[7]看，器形特征、纹饰风格、施釉工艺、圈足处理等主要是松溪九龙窑珠光青瓷和南安罗东窑珠光青瓷。2008 年福建沿海水下考古调查队在莆田南日岛龟礁一号沉船遗址[8]考古出水一批陶瓷和铜钱，其中有珠光青瓷 20 多件（片），很多还有"米"字形标志性纹饰。该船应是从福州港出发经莆田海域，再经泉州港往东南亚方向去的。

香港是商船临时停泊和货物转运的场所，是中国古代陶瓷外销东南亚等各国的必经之地。2002-2003 年，香港在九龙、元朗两工地进行考古发掘，"这次发掘出土的古陶瓷碎片均属过去海水冲刷堆积而来的"，是来自内地多个窑口的外销瓷。其中"同安窑系刻花瓷片"共 26 件，多是珠光青瓷。从出土数量和朝代看：九龙工地 1513 件，其中宋代 1285 件；元朗工地 2438 件，其中宋代 1662 件，宋代瓷片分别占了总数的 84.9% 和 68.2%，宋代所占比例均很大。同样的情况在海南岛明代地震遗址中也有发现[9]。

据此有无这种可能，即宋代是中国古代陶瓷历史上外销份额最大，赚取"外汇"最多的朝代；同时还是否可以这么说，即"海上丝绸之路"是以中国为主导，以中国陶瓷为主角的"海上陶瓷之路"。

第二节　珠光青瓷外销港口

珠光青瓷作为外销产品，窑场在设立之初就充分考虑了运输的条件，所以窑场多在沿海地带和沿河溪两岸分布，所产瓷器沿江河而下运达港口既便捷又"稳当"。龙泉窑地处瓯江源头支流，所产瓷器沿溪涧流经龙泉溪汇入瓯江，经温州港出海；松溪九龙窑紧邻松溪河，沿河而下汇入闽江，到达福州港，北上者经明州港市舶登记而出海，南下者经泉州港市舶登记而出海；南平茶洋窑沿闽江到福州港北上或南下；泉州磁灶窑经沿晋江而下经海路至泉州港出海；同安窑沿汀溪河而下经海路至泉州港出海等等。可以想象古代中国东南、南部沿海地带，整个江、河、湖、海，船如梭织，满载瓷器向海岸码头集中，向外销港口汇集，经过"出关"手续，转载大船，扬帆起航，一片波澜壮阔的盛大场景，一幅扩大版了的《清明上河图》景象。

陶瓷的外销需要有组织地进行。市舶司是当时专门管理海上对外贸易的机构，是出口外销必经也是最后一道关口。市舶司主要职能是征收税款，处置舶货，办理船舶出港和回港手续以及招徕和保护外商等。市舶司的设立保护了商贸活动，推动了海外贸易的发展。宋代随着海外贸易的迅猛发展，于北宋开宝四年（971年），首先在广州设置市舶司，之后陆续在杭州、明州（浙江宁波）、泉州、密州（山东诸城）、秀州（上海松江）、温州、江阴军（江苏江阴）设立，包括设立市舶场的澉浦（浙江海盐）共有9处。瓷器外销到宋元时期达到鼎盛，经由上述9个沿海港口出发，向北以明州、杭州港为主运销朝鲜、日本；向南则以泉州、广州港为主，经中国南海、菲律宾、马来西来、印尼，越印度洋，抵波斯湾至地中海沿岸等国家和地区，逐渐形成了海上贸易通道——"海上陶瓷之路"。

泉州港（时刺桐港）在南宋末超过广州成为中国第一大港，对外贸易中心转移至泉州。此时期，福建生产的含珠光青瓷在内的陶瓷外销大体分为北向和南向两个方向。北向航线有两条：一条是直北线，从泉州、福州港出发，沿海北上至明州港，一部分继续北上经连云港附近海面渡黄海抵达高丽；另一部分向东抵达日本。另一条先东后北线，从泉州、福州港出发，先向东经台湾北部，再北向琉球群岛至日本，此条线路可能从南宋开始直至明代早中期，打破了自唐以来面向日本单向传统贸易路线[10]的局面。南向航线也有两条：一条是西线，从福州、泉州港出发，航行至广州出海，或直经海南岛东北端，穿越西沙群岛，经越南东南海岸，直插马来半岛南端，越新加坡海峡，到苏门答腊岛。随后，一部分往西经马六甲到达斯里兰卡和南印度，另一部分则向东南通爪哇等岛。另一条是东线，从福州、泉州港出发，向南到达澎湖，再穿过巴士海峡到达吕宋岛、加里曼丹岛等地[11]。浙江、广东生产的珠光青瓷分别加入北线、南线运销海外。

第三节 珠光青瓷外销条件

有学者研究认为，宋代是中国历史上商品经济、文化教育、科学创新高度繁荣的时代，是历史成就最多的朝代，其国民生产总值占全球50%以上，全国人口超过1亿人（1124年1.26亿人），北宋都城汴京人口多达150万人，是当时世界最大的城市。近些年，国内不少城市常曝水淹，而千年古城赣州却纹丝不动，究其原因有一说是因有宋代修建的派水系统，这从一个侧面印证了宋代技术之先进，做事不乏能工巧匠以及追求质量，同时也显示出宋代城市规模的浩大和人口劳动力的充足。

汉唐兴盛的陆上丝绸之路，是有局限性的。一是陆路运输需要横穿多个国家和地区，易被当地人操纵，时有不便，若遇战乱则更受其害；二是中国地理特征西高东低，北高南低，内陆丝绸之路，自西向西尚可，自东向西和自南向北（河运）既距离遥远又逆流而上，均不便利；三是瓷器为易碎产品，依靠人挑马驮车载迫不得已，沿江、河、湖、海水运最为安全可取；四是运力有限，随着瓷器等商品生产的日益发展，靠人挑马驮的原始方式已不能适应时代的需要，甚至有些地方陆路是无法到达的，而水路运力大，及四海，加之唐安史之乱以后，国都逐渐向东、向南变迁，从咸阳、洛阳、开封直到杭州，经济商贸活动随之向东、向南转移，渐渐形成了主要在东南沿海建窑烧造以便外销的局面。南宋时期，朝廷不仅鼓励对外贸易，还规定对舶来品不再以钱支付，而以瓷器等换取，使得瓷器销量陡增。此时期，中国水上交通发展也进入鼎盛，造船业取得了长足进步，不仅船体坚固，结构优良，具备深海高速航行的能力，而且装载量极大。1974年出土的泉州湾后渚宋代古沉船，为"福船"类中型远洋船，其残长24.20米，宽9.15米，复原后船长34米，宽11米，排水量近400吨，载重200吨，其瓷器装载量保守估计在2万件之上，与一条普通龙窑装烧量大体相当。在导航方面，除传统的天文地理学外，以量天尺为测量工具的海洋天文定位术和全天候磁罗盘导航的使用，使得中国航海技术处于世界领先水平。宋元时期经济的繁荣，造船业的发达，指南针的发明，远洋航海技术的发展，劳动力供应的充足，朝廷对外贸易政策的放宽，陶瓷烧造能力的提高，为瓷器的外销提供了坚实的基础；此外，瓷器的使用，改善了当地的饮食习俗，提高了人们的生活质量，精美的瓷器让世人梦寐以求，有着供不应求的市场导向。天时、地利、人和，终于造就了宋元时期，波澜壮阔的含珠光青瓷在内的陶瓷外销场景。

第四章 珠光青瓷窑与相关瓷窑

珠光青瓷，除了前面所说的四点内涵和两个特征外，还应弄清以下几个问题：一是弄清珠光青瓷与传说窑的问题；二是弄清珠光青瓷与其他刻划花瓷的问题；三是弄清同安窑珠光青瓷与其他窑珠光青瓷的问题。

第一节 珠光青瓷与传说瓷窑

对于珠光青瓷产地问题曾有两种说法：一种是"南渡说"，认为珠光青瓷是由汝窑工匠南渡后在南方烧制的器物；另一种是"德清说"，认为是浙江德清后窑的产品。

一、珠光青瓷与汝窑

珠光青瓷"南渡说"源于日本奥田诚一先生的《陶器讲座》（1938年）[12]，大意是说珠光青瓷是汝窑工匠南渡在南方烧造的刻划花类青瓷。至于是否为汝窑工匠南渡所烧造，已无史迹可考。一般来说汝窑主流产品与珠光青瓷是大相径庭、相距甚远，不可能有必然的联系，作为专家学者将珠光青瓷与素面无纹的汝窑器相比而得出"南渡说"这一推论显然是草率的。但北宋末年，朝廷不保，二圣被掳北宋灭亡是历史事实。由于战火连绵，工匠、百姓一同南迁避难求生是完全可能的。我们再将视线转向窑址遗迹，看能否找到些许联系。汝窑有一产品单就纹饰而言与同安窑珠光青瓷很有相似之处，这就是北宋汝窑天蓝釉刻花鹅颈瓶（图566），宝丰清凉寺汝官窑唯一一件经考古发掘所得的器物，是一件刻花作品。这件刻花鹅颈瓶于1987年出土，在"南渡说"之后，惜日本学者时未见到。其上的刻花装饰、纹样手法与同安窑珠光青瓷类似，只不过釉色明显有"青黄"与"天青"之别，但在没有可靠的证据面前，还是不能妄下"南渡说"结论的。

汝窑工匠会南渡到哪里去呢？日本松平义明先生认为加藤正义先生所藏那件珠光青瓷为浙江余杭（余姚）窑南宋产品，为越窑产品。既然是越窑产品，那我们再讨论一下越窑。童兆良先生堪称是对窑工研究的第一人，他将上林湖越窑工匠姓名111例，按多种分类进行了整理并列表，笔者从中找出宋代（与珠光青瓷年代相近）的有11例，其中在匣钵（窑具）上6例，在器物内外底（壁）上5例，主要有姓方、何、万、任、楼、陈以及朱、姜、丁、胡、岑等[13]。至于汝窑工匠姓名，目前尚无考证，无从对照，线索就此中断。余姚作为越窑的主产区，其生产年代下限在北宋，与珠光青瓷生产交叉的时间并不长，更不存在南宋产珠光青瓷。

汝窑工匠南渡应该存在，不然汝窑那批工匠哪里去了呢，他们可是掌握着汝瓷配方、工艺的"高端"人才。宋人不乏忠烈之士，北宋灭亡汝窑工匠追随大宋皇室而南渡继续为皇室卖力是极有可能的，但他们不可能在越窑，也不可能在珠光青瓷窑，而是在南宋修内司官窑。

20世纪50年代以来，汝窑工匠南渡说又"南渡"到了同安，将同安窑视为汝窑工匠南渡的产物。此分三种情况：第一种情况是误把同安窑青灰釉瓷当作汝窑瓷，进而将两窑都视为珠光青瓷。同安窑与汝窑最为相近的当属青灰釉瓷，与汝窑天青釉色有些相似，胎也是近灰色胎，但同安窑这类青灰釉瓷不是珠光青瓷，是研究者们错把同安窑所产全部当作珠光青瓷了。同安窑青灰釉瓷，胎粗工糙，无论修坯、装饰、施釉、焙烧，工艺技术截然不同，不可能是汝窑工匠所为。第二种情况是将珠光青瓷与汝窑鹅颈瓶相提并论得出的结果，前面已述此不重复。第三种情况是错把临汝窑当汝窑，临汝窑有一类耀州窑系青黄釉刻划印产品，内里刻花，外壁刻折扇纹样，与珠光青瓷相近，这类产品虽为相近，但本质上不属于同一类，不能混为一谈。

二、珠光青瓷与德清后窑

关于珠光青瓷是德清后窑产品的说法，源于三上次男先生的《支那青瓷史稿》[14]所载，昭和五年十月（1930年10月）时任驻华杭州领事米内山庸夫在德清县后窑古窑址发现类似珠光青瓷残片，采集的标本于昭和十八年在根津美术馆公布，于是便有珠光青瓷产于德清后窑之说。

德清博物馆原研究员朱建明先生自20世纪80年代就师从朱伯谦先生从事古窑址考古，尤其对德清古代窑业情况非常熟悉。关于珠光青瓷与后窑地名问题，他也曾经做过一些调查：《德清地名志》确有"后窑"这一地名，即德清县新市镇白彪村后窑自然村和梅林村后窑（后者为历史地名）。至今，德清县共发现古窑址100余处，时代从商周至唐宋时期。宋代窑址有20余处，经考古发掘的有3处，且多是烧制韩瓶之类的日用瓷，兼烧少量的建窑系黑釉茶盏。这些产品无论造型还是胎釉特征与珠光青瓷大相径庭。两个"后窑"都位于江南水乡，也不具备设置龙窑的条件，至今也未发现窑址。20世纪三四十年代，确有日本学者涉足德清古窑址调查，资料分别发表在小山富士夫编著的《支那青瓷史稿》等文献中。根据图文，他们所调查的主要是东晋、南朝时期的窑址，烧造年代较早，在时间上与珠光青瓷没有交集。因此，德清后窑说是不成立的。

第二节 珠光青瓷与有关窑瓷

在以往的珠光青瓷研究中，有不少人将珠光青瓷与有关窑瓷混淆。

一、珠光青瓷与越窑瓷

同安汀溪窑有一种刻划花青瓷，浅刻轻划，非常精细，被称为"纤细勾勒型"（图14），有越窑青瓷之风。越窑北宋早期，盛行纤细划花，北宋中期，刻、划兼施，纹样繁缛稠密，线条纤细，所以常有人误将珠光青瓷当作越窑青瓷。珠光青瓷"乍看如越"，主要是因为没有仔细观察，越窑青瓷与珠光青瓷主流产品是大不相同的，越窑釉色偏绿，釉面温润，不透明，不开片，而珠光青瓷釉色偏黄，釉面既光亮、透明又开片。此外，越窑胎质细，工艺精，裹足满釉，珠光青瓷即使是"纤细勾勒型"的精品，也无一例外底足无釉，两种产品放在一起对比还是泾渭分明的。

二、珠光青瓷与耀州窑瓷

珠光青瓷与耀州窑青瓷同为刻划花青瓷，是比较相近的：如两者都有刻划花及篦纹、折扇纹；珠光青瓷常见的莲花纹、牡丹纹、菊花纹、卷草纹、水波纹在耀州窑也常见。两窑都见鹿纹，大体也在同一时期，耀州窑鹿纹为主题纹饰，技法为刻；同安窑鹿纹为辅加纹饰，亦刻亦印，多在碗心处似为款识功用。

珠光青瓷与耀州窑青瓷主要有以下五点不同：（1）釉色不同。珠光青瓷釉色为青黄色，标准色为枇杷黄，而耀州窑青瓷标准釉色为橄榄绿。（2）刻划技法不同。珠光青瓷主要是刻、划、印，纹路浅；而耀州窑青瓷多为剔、刻、印，以剔为多，即便刻，也是吃刀深，纹路又深又阔，立体感很强。（3）纹样不同。耀州窑青瓷的纹饰更趋向逼真、写实，比大多数珠光青瓷纹饰繁缛、复杂、规整。（4）胎质不同。珠光青瓷多为灰白胎；耀州窑青瓷为灰胎。（5）施釉工艺不同。珠光青瓷底足内露胎无釉；耀州窑青瓷基本满釉，仅足墙端面无釉。

耀州窑没有发现严格意义上的珠光青瓷，特别是没有发现"米"字形标志性荷花纹，两窑不是一路产品。如果将耀州窑产品强拉硬扯为珠光青瓷，是轻率和不负责任的。耀州窑青瓷与同安窑珠光青瓷各自构成了自己风格的瓷窑体系。

三、珠光青瓷与青白瓷

珠光青瓷与青白瓷两者本是截然不同的两类。其最主要区别在釉色，珠光青瓷为青瓷的一种，釉色青黄；而青白瓷釉色介于青与白之间，青中泛白，白中带青。在调查的许多窑口中，发现在青瓷、白瓷、青白瓷混杂在一起的瓷片中，就胎体而言，珠光青瓷胎质相对粗厚，而白瓷、青白瓷的胎质往往是最好的，比较细、白、薄；从胎色看，珠光青瓷胎质多为灰白色，而青白瓷胎质洁白，无二色。珠光青瓷与青白瓷的纹样装饰是相近的，同为在坯体上刻划花，珠光青瓷主要是刻，纹路深一些，表现在纹样上比较粗犷豪放一些；青白瓷主要是划，纹路浅一些，有些甚至隐隐约约，不太明显，表现在纹样上比较轻巧细腻。两者纹样有时也局部极似，尤其篦纹在两者中几无二致，甚至有的青白瓷外壁也有珠光青瓷所具有的"沉线"，也有较重的刀刻，再加上青白瓷焙烧气氛若控制不好，出现一种灰黄釉色的刻划花瓷，是很难将其划分在哪一类的（有的博物馆则以釉色而论将其划在青瓷系列），在珠光青瓷与青白瓷混淆的时候，一可综合以上特点，运用"烧造目的"分析法，全面分析该窑产品性质予以区分；二可以烧成器物的胎色而定，胎色白者为青白瓷，胎色灰白者为青瓷、珠光青瓷。

四、珠光青瓷与定窑瓷

珠光青瓷与定窑瓷本是"两回事"，一个青瓷，一个白瓷，泾渭分明，毫不相干。但定窑遍地莲花纹装饰与珠光青瓷大量莲花纹装饰这一点是相通的，尤其同安窑珠光青瓷表现得更为充分。

定窑早中期受越窑、耀州窑影响，刻花技法主要是偏刀深挖，具有浅浮雕效果，而珠光青瓷的刻花是相对于划花而言，其实为深划；定窑主要是用刀，珠光青瓷主要是用梳篦状工具；定窑刻花是刻剔，刻花后胎体被剔掉一部分，胎体"原平面"变凹凸不平，而珠光青瓷刻花后，胎体基本没有被"减"，总的还是原平面。珠光青瓷刻花是一笔挥就，无拘无束，行云流水，而定窑刻花纹样是一刀刀刻剔出来，正正规规，下笔一刀是一刀，纹路一条是一条。若从书法的角度比，一个似行，一个若楷，各具特色。

此外，定窑在北宋中期采用覆烧工艺后，工具改进，胎体变薄，出现了集刻、划相结合的新工艺，线条极为流畅，刀法极为娴熟，纹样极为生动，形成了定窑独特的风格，中间有着渐变的过程。而珠光青瓷则不一样，珠光青瓷在龙泉窑中晚期，突然以"质颇粗厚"的面目出现，同安窑则更是在"毫无铺垫"的情况下，以其超凡的刻划技艺，横空出世，陡显突然，看不出有渐变的过程，这似乎不合常理，如何解释，除了"德清说"、"南渡说"以外，是否还有另外之说呢？

第三节　同安窑珠光青瓷与有关窑珠光青瓷

一、同安窑珠光青瓷与龙泉窑珠光青瓷

同安窑主要是受龙泉窑、景德镇窑两大窑系窑

业影响而发展并形成的独立的同安窑系。龙泉窑创烧于北宋初年，这时期浙江越窑、瓯窑、婺窑等瓷器烧造在浙江已成燎原之势，瓷业发展兴盛。龙泉窑早期产品在金村窑，初期产品釉色淡青、胎质细白坚硬，纹饰刻划精细，与瓯窑产品类同。到北宋中期出现一种"质颇粗厚"[15]的产品，釉色以青黄居多，烧造方式改垫圈为粗泥饼垫烧，碗盘类的装饰大多为碗内刻划花卉间饰篦纹。从题材内容、纹样及釉色看，多与1956年陈万里先生发现的同安汀溪窑珠光青瓷相似，此所谓龙泉窑珠光青瓷，时间在北宋中晚期。南宋以后，烧造风格突变，胎、釉、纹饰等一改从前，无论是薄胎薄釉、薄胎厚釉、厚胎厚釉型，还是天青釉、粉青釉、灰青釉、淡青釉等，皆已走上龙泉青瓷的鼎盛阶段，已不具珠光青瓷特征，而同安窑在整个南宋珠光青瓷烧造盛极一时后，在宋末元初有几种器物虽在器形上类似有"土龙泉"之称，但在釉色、纹饰及精细程度上与龙泉窑差距还是很大的。过去，较多的是以同安窑青瓷与龙泉窑青瓷比较，一种是拿同安窑珠光青瓷与龙泉窑主流产品即薄胎厚釉产品比较；还有一种是拿同安窑青灰釉瓷与龙泉窑灰青釉瓷如双鱼洗等比较，这两种比较皆大相径庭没有实际意义。其实，同安窑有珠光青瓷，龙泉窑也有珠光青瓷，此二者相比较才有针对性、可比性：（1）釉色。"同安窑偏黄，龙泉窑偏绿"，龙泉窑珠光青瓷有向"龙泉色"靠近，釉色多青绿，少青黄。（2）釉面。同安窑珠光青瓷大多釉面玻璃质，光亮、透明、开冰裂纹；龙泉窑珠光青瓷釉面已有些玉质感，往"龙泉色"主流方向发展，光亮、透明不再，少开片甚或不开片。后期，以大白岸山头窑为代表的刻划花青瓷，虽然釉面釉色似珠光青瓷，但其纹样已经大变；造型上内底上凸，腹部下垂，底厚，差异很大，已不是真正意义上的珠光青瓷，没有可比性了。（3）纹饰。同安窑珠光青瓷多数纹饰洒脱、奔放、自由、流畅；龙泉窑珠光青瓷多数纹饰繁缛，比较规矩，往"官窑"方向多些。同安窑珠光青瓷外壁纹饰或满壁刻划或成组分布；龙泉窑珠光青瓷则满壁刻划不见分组。（4）胎质。同安窑多数胎质较粗松，断面有锯齿状；龙泉窑虽"质颇粗"，但较同安窑更精细、更致密，烧结度也更高。（5）施釉工艺。同安窑多数施釉不到底，仅少数精品施釉至足根；龙泉窑施釉均到足根，仅足内无釉。（6）圈足处理。同安窑圈足处理不够规整，足底不平，足端平削，以漏斗形匣钵装烧；龙泉窑圈足处理总体规整，足底平整，足端均作倒角处理，以M形匣钵装烧。

二、同安窑珠光青瓷与松溪窑珠光青瓷

松溪紧邻龙泉，松溪窑珠光青瓷与龙泉窑珠光青瓷相对接近，为龙泉青瓷向福建地区过渡地带。同安窑与松溪窑生产规模均较大，均是珠光青瓷最大产区。两窑釉色均为枇杷黄色，釉面都很光亮、透明、玻璃质。其主要区别在：（1）纹饰风格。同安窑珠光青瓷最大的特点是纹饰洒脱、奔放，纹饰种类繁多、变幻莫测，表达方式多样；松溪窑纹饰相对规矩、工整、繁缛。同安窑珠光青瓷外壁纹饰或满壁刻划或成组分布；松溪窑珠光青瓷满壁刻划不见分组。此外常见松溪窑大盘不分内外全为华丽的主题纹样，同安窑则未见大盘这类器物。（2）胎体。同安窑胎体较薄，胎色灰白；松溪窑胎体厚实，胎色大多偏灰或灰。同安窑胎练泥不够，胎体多见孔隙；松溪窑胎质相对精细，烧结度高，断面少见锯齿状。（3）圈足。松溪窑多施釉至足根，足端平切后做倒角处理，圈足规整；同安窑多数施釉不到底，少量施釉至足根，足端平切，未做倒角处理。（4）装烧方式。同安窑均采用一匣一器烧成，产品成本相对较高，匣钵为漏斗形；松溪窑珠光青瓷多为泥钉垫隔叠烧，一匣二至三器，处于下面的碗盘内底常见

多个泥钉痕，匣钵为M形。（5）器形种类。松溪窑多见执壶、大盘等器物；同安窑碗碟一类多种多样，但执壶、大盘等未见。（6）铭文款识。同安窑珠光青瓷鹿纹独尊，松溪窑"吉"字款、"张"字款等端坐大盘内底，均为珠光青瓷窑中少见。

三、同安窑珠光青瓷与南安窑珠光青瓷

南安紧邻同安，宋代同属泉州府管辖，东田镇南坑窑与同安汀溪窑两窑相距仅30千米。南安东田镇南坑窑，罗东镇荆坑窑和高塘窑，金淘镇深辉窑均曾大量烧造珠光青瓷。（1）釉色与釉面。南安窑珠光青瓷与同安窑珠光青瓷釉色比较接近，但同安窑的釉面较透亮；南安窑的釉色偏淡，釉面较薄，不透，手感稍涩。（2）纹饰。同安窑洒脱、奔放，明快、流畅；南坑窑则稍显生硬，罗东窑则偏拘谨。同安窑纹饰除了珠光青瓷常见的典型纹饰篦划纹、篦点纹外，还有大量的莲荷、牡丹、菊花等植物纹，鹿、鹅、婴戏等动物人物纹，题材种类比较丰富；南坑窑仅有常见的篦划纹、篦点纹，团菊纹和草叶纹，装饰相对简约。罗东窑、深辉窑所见纹样种类也不多。（3）精细程度。同安窑在制胎、修坯、装饰、上釉、焙烧每一环节上都相对精细些，而南坑窑则有着"同安窑是官窑，南坑窑是民窑"的传说。在罗东窑发现一双面刻划花钵，制作精细，内外皆有纹饰，十分美观，当属例外。（4）器形种类。同安窑各式各样的碗、碟、洗皆有；南坑窑则只见碗类，罗东窑则多为单一的大盘。

四、同安窑珠光青瓷与其他窑珠光青瓷

（1）从器形种类看：同安窑珠光青瓷器形种类比较多，有碗、盏、盘、碟、洗、粉盒、水注等多个品种，尤其是碗类多种造型，有敞口、敛口、撇口、直口等多口部形制；有斜腹、弧腹、折腹、直腹等多腹部形式，是珠光青瓷窑中器物造型最多的。闽浙其他地区多以碗、碟、盘、洗为大宗，而且每一种类器形也比较单一。（2）从胎质看：珠光青瓷每个窑或多或少皆有精品，胎体厚薄均匀，致密坚硬。闽浙其他地区松溪窑、浦城窑等近龙泉地区瓷窑的胎质相对精细，胎体更为坚致。而沿海一带，漳浦赤土窑、英山窑和东山磁窑胎多含沙质，较为粗糙。金华厚大窑、苍南小心垟窑、苍南大心垟窑、厦门海沧东窑、厦门集美磁窑等大部分珠光青瓷胎质也相对较粗糙，胎体不坚致。（3）从釉色与釉面看：珠光青瓷总体都是青黄色釉，也有偏绿者。同安窑珠光青瓷釉色多为枇杷黄色，釉面光亮、透明、玻璃质，浙江地区产珠光青瓷多发朦或玉质感，即使有的有玻璃质感，也没有汀溪窑那么光、亮、透。（4）从装饰与技法看：同安窑珠光青瓷纹饰种类繁多，仅荷莲纹在汀溪窑就有多种多样的表现手法，写实写意，均刻划自如，栩栩如生。而在闽浙地区其他窑口中，多数是变体莲纹，简单写意，篦纹常被用作主题纹饰，有的甚至是潦草的几笔。（5）从圈足处理情况看：同安窑珠光青瓷与其他窑珠光青瓷圈足处理均较草率，龙泉窑、松溪窑、碗窑背窑比较规整。（6）从装烧与效果看：同安窑采用漏斗形匣钵，一匣一器盛装入窑；而浙江大多地区、福建闽北地区，一匣多器，碗与碗间有的刮釉叠烧，有的以泥钉间隔叠烧，极大地影响了美观和使用效果，从这点也可看出同安窑珠光青瓷对质量和美感的追求是高于其他地区窑的。需要说明的是龙泉窑也是一匣一器烧成的。

五、同安窑在珠光青瓷窑中的地位

之前所称同安窑系仅仅是因珠光青瓷首先在同安汀溪窑发现，自此大批日本学者等接踵而至开展调查研究，发现这类青瓷不仅在同安，在福建其他地区以及浙江、广东等地均有烧造，于是学术界将这类青瓷统称为同安窑系青瓷。那么，这么多窑口生产这类青瓷，其情况如何，同安窑在这些窑口中

的地位如何，能否真正以同安窑系相称，是众多学者期待解决的问题。截至目前，经对全国百余窑口的调查，发现有珠光青瓷窑口 50 个，其规模、质量参差不一，我们将这些珠光青瓷窑大体划分为"精、典、粗、稀、类"五类。第一类"精"，即多有精美珠光青瓷产品出现，包括龙泉金村窑、松溪九龙窑、同安汀溪窑、南安罗东窑、江山碗窑，皆出精品且各有特点；第二类"典"，为典型的珠光青瓷窑，包括同安汀溪窑、龙泉金村窑、松溪九龙窑、浦城碗窑背窑、漳浦英山窑、南安南坑窑、莆田庄边窑、福清东张窑、江山碗窑、武义抱弄口窑、泰顺玉塔窑等，这些窑具备典型的珠光青瓷特征，其生产规模也大，某一窑或某一地集中大批量生产；第三类"粗"，产品多为粗品珠光青瓷，包括海沧东瑶窑、集美磁窑、漳浦赤土窑、连江浦口窑、金华厚大窑等，这一类的胎质比较粗，纹饰简约，粗胎粗作，产品质量一般；第四类"稀"，所产珠光青瓷仅占少量，这些窑包括厦门海沧区上瑶窑、困瑶窑、南安石壁窑、福州宦溪窑、潮州笔架山窑等，在窑址很难找到珠光青瓷踪影，比较稀少；第五类"类"，类似珠光青瓷，不够典型，包括漳浦竹树窑、长泰碗盒山窑、罗源八井窑、霞浦半岭窑、福安首洋窑等，这些窑中的青釉刻划花产品与青白瓷两者的鉴别中更靠向青瓷，所以本书将其列入珠光青瓷。

同安窑珠光青瓷是受龙泉窑影响，承袭了龙泉窑的风格，其源渊在龙泉是当前的"共识"。以龙泉为基点向北影响至浙江义乌，向南过渡浦城、松溪，到福州、莆田，到泉州同安，到漳州漳浦、东山，一路扩展影响到广东潮州。其中同安是一个重要的节点，似工匠们终于看好同安，大批集聚"定居"汀溪烧窑，并一展身手发展、创新、壮大、成长，这是一脉相承符合逻辑的。但是，同安窑珠光青瓷纹饰种类的多样化，纹样线条洒脱、奔放的特点，鹿纹的独具性以及使用匣钵的不同，是与龙泉窑有着明显的不同的，同安窑的源渊问题或者说"谁影响谁"的问题，是有待继续探讨的。

同安窑珠光青瓷与其他窑珠光青瓷比较，若以瓷胎质量而论，当然是金村窑居首，若以制造精细程度也非金村窑莫属，这两点是其他窑包括同安窑都无可撼动的。但在同安窑从胎、釉、纹饰的精美程度与珠光青瓷各窑作全面比较以后，发现金村窑、同安窑、松溪窑同为最好，三窑大有"三足鼎立"之势，各有特色与优势：金村窑珠光青瓷以精细规整，纹样繁缛，比较向官窑靠近；同安窑珠光青瓷以纹饰种类繁多，纹样洒脱、奔放而叫绝；松溪窑珠光青瓷汲金村窑纹饰之"繁缛"，开创釉面之透、亮而称著，此三窑可被誉为"珠光青瓷三大名窑"。当然，同安窑还具有独自的特点，是其他窑乃至金村窑、松溪窑所不及的：一是同安窑珠光青瓷纹饰种类繁多，工匠想象力超越。如前所述，仅一种荷莲纹就有多种多样，这在其他窑均不多见。二是同安窑珠光青瓷纹样洒脱、奔放，刻划技法挥洒自如，"下笔如有神"，有似"大师"制作。三是同安窑珠光青瓷生产集中、规模宏大。在蜿蜒的水库周边，窑炉密集，窑渣碎瓷堆积如山，显然是大规模化、高集中化了的生产地。四是同安窑影响范围广大。时为泉州辖区的同安窑在设窑产瓷各方面条件优势兼具，加上有似"官窑"、"大师"般造作的氛围，对周围窑场的设立和烧造是有较大影响的。从地图上也可看出，在同安附近的珠光青瓷窑址最为密集，其特征均与同安窑的大同小异，这些窑主要分布在同安、漳浦、南安、惠安，属厦、漳、泉闽南金三角地带，而同安恰位于此三角几何中心，在地理位置上容易起到辐射和影响周围地区的作用。金村窑珠光青瓷是最好的，但整个龙泉窑此时期的"注意力"已转移到"釉厚无纹"的"龙泉色"主流产品上，珠光青瓷已属"质颇粗厚"的一类，产量也小，不太具影响力；松溪窑珠光青瓷种类繁多，纹饰、釉面精美，但常因"留有泥钉痕"而有些许遗憾，给人以"追求装饰绰有余，追求质量稍不足"的感觉；漳浦英山窑一座山包全部烧制珠光青瓷，局部规模大，个别产品精美，但其胎质工艺与同安窑总体相比逊色；直线距离约30千米的南安东田窑传说把同安窑视为"官窑"；江山碗窑、南安罗东窑、福清东张窑、莆田庄边窑珠光青瓷胎质虽好，但纹饰种类与工艺手法综合比较均不及同安窑。我们再结合故宫古陶瓷研究中心集全国各地的瓷窑标本展示来看，珠光青瓷以福建产品种类最多、规模最大、总体质量较好。同安窑以其窑场规模之大，窑群之密集，造型之秀丽，釉色之纯正，纹饰之多样，刻划工艺之美妙，堪称为"最"。珠光青瓷以"同安窑系"命名，并确立同安窑在珠光青瓷窑系中的"中心地位"是恰如其分和当之无愧的了。

第五章　珠光青瓷窑口

《同安窑系——珠光青瓷》是一部关于珠光青瓷的书，准确说是一部探索珠光青瓷窑的书，只要在古代生产过珠光青瓷，无论多少，我们均将其视为珠光青瓷窑。珠光青瓷窑口主要分布在闽浙粤等沿海地区，多年来作者针对福建、浙江、广东等8省59县（市、区）的108处窑址（简称108窑）进行了调查（表三），发现在3省35县（市、区）生产珠光青瓷的窑50个。其中福建省24县（市、区），有珠光青瓷窑35个；浙江省10县（市、区），有珠光青瓷窑14个；广东省1市，有珠光青瓷窑1个。另外58个窑，因疑有珠光青瓷或与珠光青瓷有某种关联，因而对其进行了调查，在本书以大附录的形式排在后面，以便读者更广泛地了解和探讨。

有文提到惠安银厝尾窑为珠光青瓷窑，经查阅1977年2月福建省晋江地区文物管理委员会编印的《晋江地区考古普查资料》惠安部分，显示所发掘的银厝尾一窑、二窑位于南浦镇槐山村，为唐代窑，主要有罐、钵、壶、器盖等，年代相差甚远，排除其为珠光青瓷窑。

《中国古陶瓷图典》释珠光青瓷的窑址在闽南地区还有"泉州窑……安溪窑、厦门垄子尾窑等"，珠光青瓷"近年在广东番禺的奇石窑也有发现"。泉州窑、安溪窑若以广义所指，在本辖区范围内有产珠光青瓷应是没问题的，但若所指是泉州东门窑、安溪桂窑，就目前所调查看，尚未发现真正意义的珠光青瓷，所以本书未将其列入珠光青瓷窑。厦门垄仔尾窑有刻划花篦纹装饰，但它主产不是青瓷，而是青白瓷，很多青白瓷因焙烧气氛原因致釉色偏灰偏黄，被误认为是珠光青瓷。广东奇石窑有无珠光青瓷一直是个谜，2016年9月中旬，笔者再次去广州一带，专程调查奇石窑。几经周折终于找到了奇石村，在窑址现场所见多为宋早期陶器碎片，调查村里几名知情人士，均说未发现珠光青瓷。其间还大范围走访了广东省有关老专家，参观了南澳一号沉船博物馆、广东省博物馆、广州市博物馆和南海博物馆，查阅了有关史料，结果皆未发现珠光青瓷线索。奇石窑年代为唐宋，但从《佛山奇石古窑及相关的几个问题》[16]看，有明代仿龙泉窑的产品。若是历经南宋延烧到明代，烧制珠光青瓷还是有可能的；若是跨过宋代至明代再烧窑就几无可能。奇石窑问题有待继续探讨。

珠光青瓷窑口主要分布在闽、浙、粤沿海地区，其历史跨度为北宋中期至元代，鼎盛期在北宋晚期至南宋。珠光青瓷作为专门的外销瓷，为方便出海外销，大多数窑址设在了沿海一线：北起浙江义乌，南到广东潮州，东至浙江乐清，西至浙江江山，中经福建，沿海呈带状分布。绝大多数珠光青瓷窑不单纯烧制珠光青瓷，珠光青瓷只是其中的重要一部分。

第一节　福建省

福建省内共发现有珠光青瓷窑（群）35个，分布于24县（市、区）。分别是厦门市同安区汀溪窑，集美区磁窑，海沧区上瑶窑、困瑶窑、东瑶窑，漳浦县英山窑、赤土窑、南山窑、竹树窑、仙洞窑，东山县磁窑，长泰县碗盒山窑，晋江市磁灶窑，南安市南坑窑、石壁窑、荆坑窑、高塘窑、深辉窑，永春县玉美窑，莆田市庄边窑，建阳市白马前窑，武夷山市遇林亭窑，南平市茶洋窑，浦城县碗窑背窑，松溪县九龙窑，顺昌县河墩窑，福州市宦溪窑，福清市东张窑，闽侯县大义窑，连江县浦口窑，罗源县八井窑，宁德市飞鸾窑，霞浦县半岭窑、下楼窑，福安市首洋窑。

一、厦门市同安区

1. 汀溪窑　汀溪窑（群）遗址位于厦门市同安区汀溪镇汀溪水库及褒美村、古坑村一带。汀溪本窑即汀溪水库瓷窑遗址，包含汀溪水库及周边，大坝上下以及两侧翼连绵的多个山包（体），已发现瓷窑多座。所见多为龙窑，顺山坡而建，半地穴式，砖砌。遗迹连绵分布，堆积层甚厚，窑渣、窑砖、碎瓷片遍地皆是。据有关资料，汀溪水库于1955年12月14日破土清基，坝区工地动工后，劳力保持4万余人，日夜不停，提前完工，于1956年4月5日通水，总库容4546万立方米，为全省最大的中型水库。时莆田、仙游、永春、晋江、惠安、南安、安溪、厦门等县市先后支援民工上万名。"坝型：黏土心墙坝，坝高37米，坝顶长237.5米，坝顶宽8米，坝底宽245米"。1966年扩建"溢洪道扩宽10米"，"大坝加高6.24米"，"库容增加1000万立方米"。2015年11月28日、29日两天，作者会同有关人员对遗址进行实地测量，测得大坝343步，步幅0.8米，大坝长274.4米（含溢洪道40米）。作者对汀溪水库窑址面积由东及北顺时针分"九段"测算，分别为：坝上东片横长100米，纵长平均100米，面积1万平方米；坝下东翼横长40米，纵长40米，面积1600平方米；坝下西翼溢洪道东侧小山包横长60米，纵长约70米，面积4200平方米；坝上西片横长300米，纵长平均100米，面积3万平方米；西北方向碗窑山横长200米，纵长平均90米，面积1.8万平方米；碗窑山对面山包横长150米，纵长平均90米，面积1.35万平方米；"疗养院"屋后两侧横长150米，纵长平均80米，面积1.2万平方米；护坝山横长150米，纵长平均80米，面积1.2万平方米；护坝北侧山坡横长60米，纵长平均80米，面积4800平方米；以上九段面积共计10.61万平方米。这是保守计算，另被水库大坝占据部分，以及在大坝下西侧翼亦有部分面积，此外在同南公路西侧也发现有遗迹。由于水库严格规范的管理，库区以内窑址得以很好地保护，实乃同安人民之大幸。

路岭窑遗址位于厦门市同安区汀溪镇褒美村路岭寨山，遗迹散落主要在西北面、东面及山顶三处。西北面分布从居屋开始沿山体横向到公路三叉口约150米，纵向自山底往山顶约60米，面积约9000平方米；东面从汀溪中学后横向往北延伸约60米，纵向往山顶约80米，面积为4800平方米；山顶为凹状，有直径四五十米圆环状分布带，面积2000平方米（据说自1958年以来，该山已经翻动5次了，有可能是人工运窑渣所建）；以上三处共计1.58万平方米。章厝窑遗址位于厦门市同安区汀溪镇古坑村章厝山西北及西面山坡，遗迹分布沿公路一侧横向约60米，纵向往山顶（未到最顶部）约50米，面积3000平方米。路岭窑、章厝窑以青白瓷居多，珠光青瓷占比均较汀溪本窑少。

因此，汀溪窑实为一个综合性的大型窑址群，大体以同南公路为界分作东、西两区，东区是通常所指的汀溪窑，遗迹面积约10.61万平方米；西区包含现路岭窑、章厝窑两处窑址，面积合约1.88万平方米之多。东西两区相加，汀溪窑址群总面积约12.49万平方米。据褒美村老人说，相传汀溪一带有窑18座，这与文物部门普查的已发现窑炉遗迹的数量相差不大，且基本都在同一时代所生产，可见汀溪窑规模之大和密集度之高。

汀溪窑珠光青瓷在汀溪窑瓷中是最美的，可以从胎、釉、纹饰、造型四个方面来概括："纹饰梳篦刻划，纹样洒脱奔放；釉色青中带黄，釉面透明光亮；胎体坚致露底，造型秀丽端庄。"

汀溪窑珠光青瓷最显著的成就在纹饰方面，不仅纹饰种类繁多，而且刻划方式多样。莲花纹（荷花纹，下同）最为多见，常以主题纹饰出现。有莲瓣纹、莲叶纹（荷叶纹，下同）；有一把莲、缠枝莲；有写实莲、写意莲，有简化的莲、演义的莲，不同的莲花纹样多达十几种。其洒脱、奔放、酣畅的线条，错落有致、疏密有序、一气呵成的精彩画面，无不让人拍手称奇。对莲花进行删繁就简的艺术处理，寥寥数笔，或一花独放，或两两对开，配以少量篦纹、茎叶，多姿多态，或刻或划地表达在器表上，摇曳中风姿尽显。汀溪窑大量莲纹的应用，给人以"汀溪窑特别爱莲"的感觉。"米"字形莲花纹作为珠光青瓷标志性纹饰，在汀溪窑也有一定的数量，最具代表性的是青釉刻划花盘（图6）。篦纹是同安汀溪窑最为普遍、最具特色，也最能体现珠光青瓷特点的主要纹饰，分篦点纹、篦划纹及弧形篦纹。篦点纹多以"之"字形排列，用以表现出水波荡漾的样子；篦划纹在花朵、花瓣内以细密的平行线条表现筋脉的样子；弧形篦纹用以表现激起的水波涟漪，自然逼真。篦纹多做辅助纹饰，但因其普遍使用，所以在珠光青瓷中使用最多，也最具代表性。也有不少是做主题纹饰的，器内全是组合的篦点纹。卷草纹、卷云纹、蕉叶纹、牡丹纹、菊纹以及其他花卉纹也比较多见，它们也都同莲纹一样刻划于器物内面。婴戏纹及鹅纹，多刻划于器物内壁，活灵活现。鹿纹独树一帜，多见于器物内底，以印花、刻刺的方式印刻于碗内底心，这在其他珠光青瓷窑中未曾发现，是同安汀溪窑所独有的。汀溪窑鹿纹描绘的全为小鹿，有的四肢蜷曲，有的仰首小憩，有的衔枝飞奔，有的回首凝望，灵动、活泼，十分可爱。鹿纹在其他非珠光青瓷窑中虽有，但相对少见，如漳平鳌头窑、漳浦罗宛井窑、云霄水头窑有鹿纹，但这三窑均为青白瓷而非珠光青瓷，且多数鹿纹了无生气，似鹿非鹿；长沙窑、吉州窑、磁州窑等虽有鹿纹，但为釉下彩绘；耀州窑虽有刻鹿纹，但看似肥臃、懒怠，无汀溪窑刻纹鹿灵巧可爱；汀溪窑珠光青瓷碗内底周围有一圈凹线，即所谓碗心"线环"现象，也有的称作"圆窝"或"凹窝"，这是工匠为使器内壁与器内底转折过渡有美感旋削而成，同时也作为纹饰区的间隔线，使内壁与内底构成两个纹饰区。线纹同篦纹一样在汀溪窑最常见，一种是线条在器外壁斜向均匀排列，犹如一把展开的扇子，也称折扇纹，纹路一边浅一边深，给人以立体感觉；一种是线条在器外壁或分组排列或满壁刻划，成组者每组少则几条多则十几条不等，这种线条被称作复线。

汀溪窑瓷按釉色分类，基本可分为青黄釉瓷、青白瓷、青灰釉瓷三大类。珠光青瓷被包含在第一大类青黄釉瓷中，釉色纯正，青中带黄，似熟透了的枇杷。当然，珠光青瓷也并非全都是枇杷黄色釉，宏大。青白瓷量大，约占一半以上，釉面莹润、光亮，有的胎质很白，玉质感很强。器形有碗、盘、碟、洗、瓶、罐、炉、壶等，以碗类居多。珠光青瓷约占总量的四分之一，其胎色灰白或灰，胎质致密，烧结度高（另外也有不少生烧的现象）；釉色青黄，釉面温润，现冰裂纹，多数玻璃质感不很强，不开片；纹饰多见卷草纹、篦纹、线纹、弦纹，莲纹一类的主题纹饰比较少见。"之"字形篦点纹多为长点，有似篦划纹，更好地表达了水波涟漪的动态美。部分大盘在内底印"吉"字铭款，为凸纹，文字清晰，是荆坑窑的特色。使用漏斗形匣钵，多一匣一器，也有的刮釉叠烧，在内底留下一环状涩圈。此外在灰窑山发现大量铁锈花碎瓷片，年代应在南宋末至元代。

10. 高塘窑 位于罗东镇高塘村许村白扩山及平路头。烧造年代南宋。遗址面积1万余平方米。白扩山窑主要烧制青瓷，以大盘为主，是少有的主烧珠光青瓷的窑口；胎、釉纹饰与荆坑窑均相差无几。纹饰多见卷草纹、篦纹、线纹、弦纹，莲纹及其他纹饰比较少见。白扩山窑器物内底常印"吉"字款，多为凹纹，个别凸纹；有的印"大吉"款。平路头窑以烧青瓷为主兼烧青白瓷，碗类敞口，沿向外翻卷，斜直腹，圈足，与白扩山窑相似。另外，平路头窑的器形种类比白扩山窑要多，平路头窑"吉"字印纹为凸纹；纹饰常见多方连续的卷叶纹，且多为双面刻划，与松溪九龙窑相似，但不及九龙窑的纹样精美。在平路头窑采集到一残钵片，釉色是温和的青黄色，不透明、不开片，施釉到足根；内外刻划花，器壁修削细腻，双圈足，精巧玲珑。高塘窑规模相对荆坑窑要小，产品种类也较少。该窑使用漏斗形匣钵，一匣一器正置仰烧。

11. 深辉窑 位于南安市金淘镇深辉村凤凰山。烧造年代为宋元。遗址沿村内新修公路两侧分布，产品多为青瓷兼烧青白瓷。青瓷中大部分为珠光青瓷，胎色灰白，底足无釉，釉色青黄稍偏灰，釉面光亮透明，玻璃质，刻划花装饰，多为卷草纹间加篦纹或单一的篦划纹，纹样相对单一；外壁饰斜线纹，长短交替、分组排列。泥质垫饼，漏斗形匣钵，正置仰烧。

六、永春县

12. 玉美窑 位于永春县玉斗乡玉美村八坑窑头山。烧造年代宋代。玉美窑是永春古窑址中最大的一处，从遗迹分布情况看至少有5座窑炉。村里老人称窑的山上部分为上窑，窑的山下部分为下窑。关于遗址面积经与村委一起实地测算：自下窑有遗迹的房屋一侧算起，至上窑顶部约200米皆有大量遗迹，窑头一端从溪上（过去是一条溪流）稻田顺坡向上往山顶，有的长达六七十米，有的长100多米，取平均80米，总面积约1.6万平方米，远不止以前所说的3500平方米。青白瓷是玉美窑主产，胎质细腻、釉面温润，显湖绿色，如玉一般，不知玉美村是否由此得名。在最长的一座窑附近发现了珠光青瓷碎片，堆积量不很大，应是伴随青白瓷而烧。从这组瓷片看，珠光青瓷器形主要为各式碗、碟，其胎质灰白，胎薄体轻，造型秀丽；釉色青黄，玻璃质，开片；刻划花纹饰，纹样多为常用的篦纹。匣钵为漏斗形，一匣一器正置仰烧。

七、漳浦县

13. 英山窑 位于漳浦县绥安镇英山村南门坑自然村。烧造年代南宋。遗迹范围分布三座山头，面积约3万平方米。英山窑全部为青瓷，一部分素面，一部分刻划花，珠光青瓷为青釉刻划花者，其中的一座山包全是烧制珠光青瓷。主要器物有碗、碟、盏及少量瓶、罐等，其中以碗和碟为大宗。胎质分两种，一种为赤土窑半陶半瓷类型，胎质含砂粗糙；另一类型为优质瓷土做胎，胎质致密。总的胎壁较许山、宫仔山、大树威、宫前山、曾竹山、金交椅山等多处窑址。烧造年代唐至元。磁灶窑是古代外销瓷生产重地，面积广阔，规模产量极大，有不少产品带有异族风情。截至目前，"南海一号"和"华光礁一号"沉船均发现有磁灶窑产品，其中"南海一号"沉船中磁灶窑产品占有相当大的比重。磁灶窑产品胎体含砂，为半陶半瓷性质。多处产品虽各有侧重，但均胎薄体轻、造型美观。土尾庵、蜘蛛山、镇宫、童子山遗址相距不远，皆在岭畔村内，为磁灶窑中心区，特别是土尾庵、蜘蛛山两窑相距仅300米，过去应是连为一体的。磁灶窑产品器形种类有碗、盏、盘、碟、罐、盆、军持、瓶、粉盒、注子等，多种多样，应有尽有；从釉色看青釉、青白釉、黑釉瓷、酱釉、绿釉、黄釉、青黄釉皆有，异彩纷呈，绚丽夺目；装饰技法刻、划、印、贴塑、镂空以及彩绘，匠心独运，无所不能；装饰纹样多见卷草、莲瓣、牡丹等植物纹，龙、凤、麒麟、孔雀等动物纹，回纹、钱纹、线纹、弦纹、篦纹等辅助纹饰，多种多样，无所不用。珠光青瓷为其中的青黄釉刻划花篦纹者，其胎质同前，釉色多数青中偏黄，釉面有的透明玻璃质，有的发朦偏灰；装饰技法有刻、划、印、戳，纹饰多为卷草、莲瓣、牡丹花纹间饰篦纹。有的刻花作品（图60），刀法近似定窑，吃刀深，线条凹凸分明，错落有致，这部分产品的胎质也精细。蜘蛛山窑黑釉点褐彩碗（图70）在灯光照耀下犹如五龙飞跃星空，充满生机和力量。磁灶窑与漳浦赤土窑产品特点相似，为同一窑系，或可暂将其定为磁灶窑系。

五、南安市

7. 南坑窑 位于南安市东田镇南坑村。遗迹分布于南坑村溪两侧。分为东西两区，东区分布于南坑自然村周围，有枪仔岭、长垵埔、五坝头、牛路沟、顶南埔、大坝坡、大场仓等8处；西区相对集中于加冬井自然村大宫周围，有土垅后、仑坪圹、新田、大宫仓、大宫脚、尾岭、后垅、格仔口、后垅山等12处。东西两区共20处，总面积约20万平方米。烧造年代为南宋至元。产品有青瓷、青白瓷、白瓷三种，胎骨呈灰白、白、灰色，器形有碗、碟、盘、洗、炉、盒、罐、杯、瓶、壶等，装饰技法以刻划、模印并行。东区以青白瓷为主，少量珠光青瓷；西区白瓷、青白瓷、青瓷皆有，珠光青瓷占有相当大的比重。东西两区珠光青瓷差别不大，其胎色灰白，胎体坚致，圈足修削比较齐整；施釉不到底，釉色青黄，有的偏绿，釉面透明，玻璃质，多有开片；刻划花装饰，有莲花、卷草、篦点、篦划纹等，有的线条清晰流畅，布局匀称美观，繁而不乱，现珠光青瓷标志性"米"字荷花纹，篦点纹多呈"之"字形分布，外壁折扇纹排列有序，很具观赏性。南坑窑珠光青瓷使用漏斗形匣钵正置仰烧。村内河溪流经蓝溪，窑瓷运经蓝溪畔码头，顺流进入西溪，经古刺桐港漂洋过海销往各国。

8. 石壁窑 位于南安市水头镇大盈溪中段石壁水库碗匣山。烧造年代为五代至元。该水库为南安、同安两地交界处，因水资源保护，周边村庄多已搬迁，其中同安一侧的居民被安置到马巷镇（现属翔安区），原地已很少见到村民了。遗址面积约1万平方米，堆积层厚4米左右，待水落去，脚踩如踏方，很似同安汀溪窑堆积层。圆器类主要采用漏斗形匣钵。器形种类有碗、瓶、炉、杯、玩具、壶、器盖等，主烧青白瓷，部分为青瓷。其中釉色青黄，刻划花篦纹装饰者为珠光青瓷，釉层较薄，没汀溪窑那么光亮、透明；底足露胎，胎色灰白，有莲纹、草叶纹、线纹、弦纹兼加篦纹。该窑珠光青瓷比较少见。

9. 荆坑窑 位于南安市罗东镇荆坑村棠子垵及直坑自然村。烧造年代南宋至元。遗址面积3万余平方米，堆积层高达3米。荆坑窑是以生产青白瓷为主，青瓷、白瓷兼烧的多品种综合性窑场，规模主烧青瓷、青白瓷和陶器。器形有盆、罐、壶、钵、盘、洗、缸、扑满、网坠、瓦等，也有少量碗、盏，并曾出土有"宣和通宝"铜钱。宣和为北宋徽宗皇帝赵佶最后一个年号，时间为公元1119年，基本佐证该窑在此时期前后烧造。经数次前往该窑调查，终于在遗迹中发现有刻划花器物残片，基本确定该窑曾烧造珠光青瓷。其胎质较细，稍含沙质，胎色灰白，胎壁轻薄，烧结度高；釉色青黄，釉层薄，多不透明，玻璃质感不强；纹饰有双面刻划，为常见的卷草纹间辅篦划纹、篦点纹。多为碗盘一类，制作较为精细，年代当在北宋末期至南宋。困瑶村临近入海口，瓷器从村入海口码头转运销往海外。

4. 上瑶窑 位于厦门市海沧区古楼农场上瑶自然村后山南麓。遗迹分布面积约5000平方米。从已有资料看，主烧青瓷、青白瓷和陶器，器形有碗、盏、盘、洗、盆、罐、壶、钵、缸、网坠、瓦等。该窑曾出土一件刻有"治平元年甲辰岁"纪年款的拍锤。治平元年为北宋英宗皇帝赵曙的年号，时间为公元1064年，证明该窑在此时期前后烧制陶瓷[18]。从采集的遗物标本看，确定曾经烧造珠光青瓷。其胎质较细，胎体轻薄，烧结度较高；釉色青黄，釉层薄，不很透亮，玻璃质感不强；纹饰多为双面刻划，有常见的篦划纹、篦点纹以及卷草纹；产品多为碗盘一类，即无特别的精品发现，也无粗制滥造之嫌。上瑶窑与困窑生产年代大体一致，若要细分，上瑶窑可能会更早一些，生产年代当在北宋中期至南宋前期。两窑生产器物种类、工艺也大体相同。上瑶距困瑶不足3千米，运输应是与困瑶产瓷一同转运外销。

5. 东瑶窑 位于厦门市海沧区东孚镇东瑶村和周瑶村。烧造年代为南宋至元代。由于两村相连，窑址相连，当地群众称为东窑和周窑，也被称为"姊妹瑶（窑）"。村内道路及许多房屋建于窑址之上，窑场四周为低矮农田。东窑遗迹分布面积1万多平方米，窑渣瓷片俯拾即是，有的遗物堆积层高达数米。曾有调查发现一段龙窑遗迹，窑内密集摆放匣钵柱，每柱叠放匣钵12至15层不等；周窑遗址面积约1.6万平方米，山上裸露4条龙窑遗迹。两窑在器形、胎釉、装饰及烧造工艺上基本相同，属同时代一大型窑址群，均以烧造青瓷为主兼烧少量黑釉瓷。器形以碗、盏、盘、碟、洗、钵、杯居多。其中青黄釉刻划花纹饰者为珠光青瓷，基本为碗、盘一类。其胎色灰白，胎质相对粗松，含砂，常见胎壁鼓包现象，修足不很工整；施釉不及底，釉色青黄，釉层薄，有的透亮玻璃质，有的不透亮，无玻璃质感；器物外饰直线纹，成组分布，每组十几条，内壁多以刻划简约的卷草纹间加篦划纹，简单潦草，加上胎体本来粗糙，显得东窑珠光青瓷差距较远。东窑后期珠光青瓷胎质变细，莲瓣纹饰刻划工艺水平提高，肯定有不少相对好的产品出现，但其胎体相应变厚，造型缺乏神韵，这部分产品与黑釉瓷应为元代产品。此外东瑶碗盘内壁刻划的篦点纹，与汀溪窑亦有所不同，东瑶多成排，汀溪窑多之字形。采用M形匣钵装烧。村东面过芸溪由西北向东南流入马銮海湾，瓷器可从马銮湾入海口运经刺桐港销往海外。据村里老人讲述，遗址规模原来更大，山的周围分布着一条条长长的龙窑，从山底爬上山顶，场景十分壮观。20世纪50年代，当地海边大造盐田，全村老少肩挑手提，在海边用窑渣砌田埂，用匣钵铺盐埕，致使窑址损毁严重。后来村里修路，又把窑渣碎瓷拉去铺路，窑址面积大大缩小，十分可惜。村里一位长者表示，将由老人协会牵头，由全体村民联名签订"保护东瑶遗址公约"加以保护。

四、晋江市

6. 磁灶窑 位于晋江市磁灶镇岭畔村一带，是全镇瓷窑的统称。含土尾庵、蜘蛛山、镇宫、童子山、还有偏绿者，烧成温度不同、气氛不同都会影响其颜色的变化。汀溪窑珠光青瓷在釉色美的同时，还具有釉面的莹润、光亮、透明、开片美和强烈的玻璃质感，这种釉色和釉面的特征美在古陶瓷中珠光青瓷是最为明显的，而汀溪窑珠光青瓷在所有珠光青瓷窑中又是最具代表性的。

汀溪窑珠光青瓷有碗、盏、盘、碟、洗、瓶、注、盒等8个品种，每种又有多种造型且大小不一，仅碗一种器物的造型，就多达十余种，尤其一款斗笠碗（图2），其造型、釉色之美，是其他珠光青瓷窑所不及的，其观赏价值不比龙泉窑逊色，作者常将这些残缺的珠光青瓷，比喻为"断臂维纳斯"，我们审视的正是其残缺的美、内在的美。

汀溪窑珠光青瓷胎色多数为灰白色，有的稍白，有的稍灰。其胎体坚致，烧结度高，但在汀溪本窑中，珠光青瓷用料还不是最好的，最好的当属青白瓷，因为从标本比对中完全可以看出，青白瓷胎骨更白、更致密、更坚硬，这一现象在其他窑中同样如此。所以，汀溪窑珠光青瓷胎体断面，有的很齐整，有的略呈锯齿状。

汀溪窑总体烧造年代在北宋中期至元末，珠光青瓷烧造年代当在北宋末至元初。据村里老人讲述，褒美村在宋代有姓20多个，这与窑场生产规模宏大，大量用人极可能有关。在汀溪留传有许多关于罗隐的故事，其中一说当罗隐乞讨到汀溪窑场时，因窑主及时发现，好生相待，窑业得以繁荣兴盛，并因此烧出了精美的"琉璃碗"，此碗釉厚、温润，正是具有玻璃质感的汀溪窑珠光青瓷。

据《同安科学技术志》记载，宋元时期，同安拥有先进的制瓷技术；据《留氏族谱》记载，公元十世纪中叶，同安的"陶瓷、铜铁泛于蕃国，取金贝而还，民甚称便"。有评价宋代泉州成为对外贸易巨港，留从效实为开创者。至宋，汀溪窑珠光青瓷运输已是非常便捷，由汀溪码头上船顺流而下经西溪在县城与东溪汇合经石浔东咀港入海，转泉州（古刺桐）后渚港由大船出海销往日本和东南亚各国[17]。

二、厦门市集美区

2. 磁窑 位于厦门市集美区侨英街道东安社区磁窑山。山体卧虎状，头枕西南尾向东北。遗迹分布自山体西南角沿山坡往中段约100米，从村后墙沿山坡向山顶约50米，皆有窑渣碎瓷片；往山尾（虎尾）方向约200米处有一沟壑，堆积层裸露甚厚，现存面积约为1000平方米。两处相加，该窑遗迹面积共约6000平方米。据村里张老先生介绍，20世纪50年代，从山脚下拉走很多匣钵片去铺垫盐场，那时山上窑渣碎瓷片非常多见。20世纪70年代，在村子围墙下10米外，挖房基也曾发现窑渣碎瓷；山体南端因早前开发，部分遗迹随山体被挖，加上北部沟壑被毁部分，遗址总面积应有1万平方米之多。古时村前有水运码头，生产的瓷器从村前码头水运出海而外销。磁窑主烧青瓷，兼烧青白瓷。磁窑珠光青瓷产量不大，仅在北部沟壑处发现有珠光青瓷碎片和窑渣堆积，其种类也不多，仅有碗类标本发现。磁窑与同安汀溪窑虽近在咫尺，然风格迥异，其纹饰相对简约，为常见的篦点纹和卷草纹，还有写意的莲花纹，寥寥几笔，纹样生动秀丽。磁窑大多内里有纹，少见双面刻划，少有辅助纹饰。有一种直筒炉，外壁刻划纹饰比较规则匀称，釉色青黄，釉面涩，釉层薄，无温润感，胎体相对较粗，含砂。磁窑以M形匣钵装烧，与海沧东瑶窑同一类型，继承的是以龙泉窑具装烧的方法。磁窑烧造年代总体较汀溪窑晚，为南宋至元。

三、厦门市海沧区

3. 囷瑶窑 位于厦门市海沧区囷瑶村毛穴广自然村。烧造年代为宋代，遗迹分布面积约2万平方米。

薄，没有很厚重的感觉。器物纹饰内里为折枝纹、莲花纹、草叶纹，有的是单一的篦纹，纹样相对简约；外壁刻线纹，有的成组分布，有的成伞射状满壁均匀分布。有的小碟内划一折枝纹，线条优美流畅，伴以篦划水波，精工细作，为英山窑最高成就之一。珠光青瓷标志性"米"字形荷花纹在英山窑也有发现，釉色青黄，既光亮透明、温润柔和，又开片玻璃质。有些器物内底刻有"社"、"祠"、"师"等，为英山窑一大特色。此外，在英山窑还有漏斗形和M形两种匣钵"同窑使用"的情况，在其他窑是比较少见的。该窑南侧古时是比较大的河流，顺流而下6千米便是海边旧镇港，产品应是从这条水路运经码头而出海的。

14. 赤土窑 位于漳浦县赤土乡下宫村田仔坪自然村。烧造年代南宋至元代。至今发现明显的窑基9条，遗迹分布有如定窑遗址的"瓷片堆"共11处，总面积约8万平方米。窑场南面是比较大的河流，经此流向10千米外的旧镇港，为陶瓷的外销提供了条件。赤土窑主要烧制青釉瓷、黑釉瓷及少量青白瓷。种类繁多，碗、盘、碟、杯、盏、钵、盆、罐、壶以及建筑用品等皆有。赤土窑胎质粗，多含细小砂粒。施釉不到底，甚至施半釉，大面积露胎，露胎处往往显火石红色。刻花、划花、印花技法均有，刻划花纹样比较简约。赤土窑印花纹样种类繁多，印出的纹路使得器物内壁凹凸不一，凹处纹路深聚釉多，凸处露骨釉层薄，颜色差异大，立体感强，加之精美的纹样图案，让赤土窑印花格外引人注目。采用此种印花装饰的还有晋江磁灶窑，为同一窑系。窑具常刻有文字，有的还带有纪年款，时间指向南宋。匣钵采用M形，相对精致。赤土窑青釉刻划花器物为珠光青瓷，其种类基本为碗、盘、碟一类，胎质与其他产品相同，多含砂质；釉色青黄或青绿，透明、开片、玻璃质，釉层较薄，多施半釉，底足露胎。

纹饰多见篦点纹，多成行并行排列，戳点较大；有的内底刻团菊纹，有的刻荷叶纹、卷草纹，空白处填以篦点纹。赤土窑珠光青瓷与其他瓷比较，胎略偏白，含铁等杂质较少，外表少见火石红色，同时珠光青瓷胎壁较厚，器形敦实。赤土窑器物种类丰富，装饰多样，窑场规模大，在省内是不多见的。

15. 竹树窑 位于漳浦县赤岭乡石坑村竹树自然村。烧造年代约北宋末至元初。遗迹范围约20万平方米。20世纪90年代末，乡村公路的两侧曾见多处窑床断面。产品有青瓷、青白瓷。公路南侧的1座小山及北侧近村的3座小山主要生产碗、盘、杯等一般生活用瓷，公路北侧远村的1座山以生产执壶为主，也有少量瓶、罐、杯等。采用漏斗形和桶形匣钵。青瓷碗多素面，少量采用刻花、划花和印花。从采集标本看，竹树窑没有典型意义的珠光青瓷。曾凡著《福建陶瓷考古概论》[19]内有6片（图138）均具备青黄釉、刻划花间加篦纹的特点，粗胎露足，可以肯定是珠光青瓷。其釉色青黄，不很光亮透明，少开片；刻划花纹饰，内里多刻划草叶纹、团菊纹，篦纹有的作辅助纹饰，有的作主题纹饰，相对较为疏朗、明快、简单。

16. 南山窑 位于漳浦县南山华侨茶果林场西北2千米碗匣山。烧造年代为南宋至元初。主要分布在五棵松以南公路两侧，公路盘旋于山腰间，路上部分主要分布于三座山头，面积约3万平方米；路下部分主要分布在沿路长约200米、均宽30米的陡坡上。主要生产碗、盆、杯、盏等青瓷、青白瓷产品。珠光青瓷占比较小，主要分布在中段公路两侧，其胎质相对较白，胎壁厚实，釉色青中略闪白，纹饰多有双面刻划，内为常见的卷草纹间饰篦纹，有的刻划"米"字形莲纹；外壁刻成组线纹或折扇纹。器物种类多见碗、碟，未见其他。匣钵采用漏斗形。

17. 仙洞窑 位于漳浦县南浦乡中西林场仙洞自

然村。烧造年代为宋元。主要分布在溪边的两座小山头。产品以青瓷、青白瓷，碗、盘为主。窑址多见窑具，少见瓷片。笔者两次前往调查均未见珠光青瓷碎片。但在漳浦县博物馆，发现有仙洞窑珠光青瓷标本（图158），其胎体相对厚实，釉色青偏黄或偏灰，玻璃质感不强，不很透明，不光亮；纹饰简单刻划，下刀深，线条清晰，多为卷草间饰篦纹或单一篦纹，外壁刻成组线纹。或许因瓷片标本少，其器物种类仅见碗类。匣钵采用M形。

八、长泰县

18. 碗盒山窑 位于长泰县兴泰开发区前山村碗盒山。烧造年代为南宋。遗迹分布于碗盒山的整座山头，经徒步测量面积应有5万平方米之多，大大超过先前有关材料所称的1万平方米。碗盒山呈猪腰形，一条水渠围绕山体中部。遗迹连绵散落，范围包括碗盒山的东、北、西侧约7处。遗物多为匣钵片、泥质垫饼、碎瓷片和窑砖，其中垫饼极多，瓷片较少，说明当时成品率很高。主烧青瓷、青白瓷，多数为青白瓷。其中青釉刻划花兼饰篦纹者归类为珠光青瓷，其器物种类仅见碗、盏类。瓷胎较白，少有偏灰。装饰多为双面刻划花，内里纹样较简单，多是几笔刻成的草叶纹间饰篦纹，外刻成组的线纹；釉色青中略黄，部分透明、开片、玻璃质。另有个别釉色黄中带绿者，似耀州窑的橄榄绿（图163），纹饰刻划也极其精美，可见碗盒山窑必有精品。匣钵使用漏斗形，一匣一器正置仰烧。碗盒山窑不是典型意义的珠光青瓷窑。

九、东山县

19. 磁窑 位于东山县东山岛西北部杏陈乡磁窑村。烧造年代为宋代。遗迹主要分布在村后的后壁山和后劳山两座山上，满山遍野都是窑渣碎瓷，面积约5万平方米。器形多碗类，另有盘、碟、钵、罐、执壶等。有8座龙窑基址，每座长约30米，宽2米，并排依山势延伸。该窑主产青瓷，其中珠光青瓷占有半数以上。造型种类主要有碗、盏、盘、碟，此外还发现有执壶，这在珠光青瓷窑比较少见；胎体含砂，质粗、壁薄，釉色青黄，也有偏绿或偏灰者，比较透明，显玻璃质；装饰以刻划花为主，底部多有刻团菊纹，工整秀美，但其他纹样较为简单甚至潦草。年代相对同安窑较晚，应在南宋晚期至元初。使用M形匣钵。匣钵壁上有一孔，传说当地有一乞丐来窑场讨饭，一日窑场吃饭故意提前，乞丐赶不上饭，生气以筷子刺向匣钵，嘴说"窑倒，窑倒"，磁窑果然坍塌。其实，这"筷子孔"并非乞丐神功，乃是窑工特意预留的通气孔，用以平衡窑内气流温度，防止坯胎因受热不均炸裂。磁窑村前为大海，古有码头，陶瓷外销走海路显然是便捷的。

十、莆田市

20. 庄边窑 位于莆田市涵江区庄边镇庄边村。范围自庄边中学到徐洋村碗林的山上，共6处，面积有5万平方米之多。产品以青瓷为主，胎体较厚，胎骨呈灰白色者居多，釉薄，呈灰青色。器形有碗、盘、洗、碟、瓶、壶、盖罐、三足炉、高足杯等。器物表面装饰有印花和刻划花间篦点纹两大类装饰手法。烧造年代始于南宋，止于元代。遗迹分六处：第一处多为珠光青瓷，少量黑釉瓷，遗址被挖去一部分，地表有不少碎瓷片；第二处早年被挖，显露堆积层较厚，采集到几块标本瓷片，为珠光青瓷；第三处为青瓷，年代较前两处晚，为南宋末元代初；第四处在民房后，山体险要，多为珠光青瓷，质量较好，胎质较前精细，厚实，纹样也清晰；第五处在外围房屋旁，器形非碗类，外壁有纹饰；第六处为回走至在建房屋的一侧，年代稍晚为宋末元初，器形及圈足特征明显。珠光青瓷器形除一般的碗碟外，另有钵、盖等。珠光青瓷胎有两种，一种为灰白胎，一种为灰胎，灰白胎者釉色青偏黄，灰胎者釉色青偏绿，圈足聚釉处显湖绿色。釉面多数玻璃质感、开片。纹饰多数比较简约，常见的"三叶纹"瓣状叶片变成了线状；也有的纹样较为繁缛，篦纹满面分布呈之字形，外刻成组的复线；"米"字形荷花纹清晰可见。也有些珠光青瓷为叠烧，内底一涩圈，虽增加了产量，但影响了观感。庄边窑使用漏斗形匣钵。

十一、建阳市

21. 白马前窑 位于建阳市麻沙镇大白村东。烧造年代为宋元。遗迹分布公路两侧，总面积约1.5万平方米。主要是青釉瓷和黑釉瓷，极少量青白瓷。在高速公路（建于山巅）底下的山坡上发现有珠光青瓷，器形以碗、碟为主，胎色灰白，胎体较薄、胎质粗松，烧结度稍低；釉色青黄；装饰手法为刻划花，纹饰简约，仅在内里刻划简单的"之"字形篦纹，没有常见的荷花等主题纹饰。

十二、武夷山市

22. 遇林亭窑 位于武夷山市星村镇北约5千米的遇林亭。烧造年代为宋代。这里紧邻莲花峰，一条小溪自南往北流过。废窑堆积自南而北分布于8座山丘上，范围约6万平方米。窑址地表露有大量的匣钵和黑釉瓷碎片。匣钵为漏斗形。遇林亭窑主要生产建窑系黑釉产品。作者仅在1号窑发现有珠光青瓷，遗物面积不大，其胎质较细，胎骨致密，色灰白更偏白，釉色青黄，圈足聚釉处呈湖绿色，光亮透明，玻璃质感强；刻划花纹饰，纹样相对较单一，内里多刻划卷草纹，外刻条纹或一侧深一侧浅的折扇纹，比较精致、美观。

十三、南平市

23. 茶洋窑 位于南平市太平镇葫芦山村茶洋自然村。烧造年代为宋元。遗迹沿江分布于公路北侧的山岭中，主要有新碗厂、大岭干、马坪、生洋、碗厂、安后等六处，总面积约20万平方米。器形有碗、盘、碟、洗、杯、盒、壶、罐、瓶、炉、盏托、水注、执壶、器盖及动物模型等，是生产青瓷、青白瓷、黑釉瓷等的综合性窑场。青瓷和青白瓷纹饰有莲荷、卷草、花卉、团菊、双鱼、梳篦纹等。黑釉瓷素面，多数窑变不明显，只有少量生成兔毫。其中碗厂、坡后、马坪三处发现有珠光青瓷，与青白瓷、黑釉瓷片混杂一起，推测三种瓷应为同一时期烧造。珠光青瓷总量较少，但在青瓷中占有大部分。器形主要有碗、盏、碟类，品种比较单一。其胎色灰白，胎质较细，釉色青黄，釉层较薄，有的开片玻璃质，但不及汀溪窑那样光亮、透明。纹饰相对简约，纹样远没有汀溪窑那样丰富。器内为单一的"之"字形篦纹或简单的草叶纹，寥寥几笔，不见"米"字形荷纹，内底或空白或刻团菊纹；器外为成组的线纹，有的光素无纹。胎壁较薄，内底多数刮釉，涩圈叠烧。个别器物制作精细，满壁刻划，纹样清晰。该窑使用漏斗形匣钵。茶洋紧邻闽江，运输顺江而下经福州港行销海外。

十四、浦城县

24. 碗窑背窑 位于浦城县盘亭乡东峰村东山下自然村。烧造年代为宋代。遗迹分布碗窑背等多处地点，共约9万平方米。当地有"三十六窑"传说。该窑以青瓷为大宗，青白瓷也占一定份额。珠光青瓷多见碗、碟类，其胎质灰白或灰色，胎体厚实、致密；圈足规整，足壁向下渐趋内收。施釉比较彻底，仅外底心和足内壁无釉。釉色青黄，圈足聚釉处呈湖绿色。釉面光亮透明，玻璃质感明显。装饰多为双面刻划，内壁多为荷花纹、草叶纹，间饰"之"字形篦点纹，点、线稠密，纹样繁缛，现标志性"米"字形荷花纹。内底多见镌刻秀丽的团菊纹；外壁有的刻划单线纹，有的刻一边深一边浅的折扇纹。该窑装烧在器物上下间常以泥钉垫隔，在器物内底常常留下"泥钉痕"，这点与松溪九龙窑相同。

十五、松溪县

25. 九龙窑 位于松溪县松源街道西门村垌场，相传这里有九窑，皆呈龙状，故称"九龙窑"，又因地名垌场，所以也称垌场窑，垌在当地是碗的意思。窑场遗迹约有12万平方米，烧造年代为北宋早期至南宋晚期。主烧青瓷兼黑釉瓷，不见白瓷、青白瓷，青瓷中大部分为珠光青瓷，是很有针对性的窑场。珠光青瓷器物种类有碗、盏、碟、钵、大盘、瓶、枕、盒、罐、执壶、注子、器盖等12种。其胎骨呈浅灰、灰白、灰色甚至灰黑，大盘一类含铁量较高，胎体厚实坚硬，俗称"铁胎"。器物底足端面平切后，在内外沿分别斜切一刀进行倒角处理，状似"泥鳅背"。釉色以青黄为主，个别发绿，釉面光亮、透明，玻璃质感很强。刻划花装饰，内里常见缠枝卷草、蕉叶、莲花等图案，伴以规则的"之"字形篦纹装饰；珠光青瓷标志性"米"字形荷花纹多见，为珠光青瓷窑中最多者。碗外壁常见折扇纹或条纹，满壁刻划，繁缛稠密，少有分组。此外盘一类内底常现"张"字和"吉"字印款，纹路清晰，端庄秀丽。1998年中国南海水下考古，华光礁一号出水大量的盘、碗，这类器物内外均有纹饰，似一枝枝连续的蕉叶，且内外兼饰，均为主题纹饰，十分美丽。此种双面刻划，不分主次的纹样装饰，是其他珠光青瓷窑所罕见的。九龙窑珠光青瓷大到刻划花篦纹大盘，小至刻划花篦纹水注，器形种类是所见珠光青瓷窑中最为丰富的。该窑匣钵为M型，一匣二至三器，装烧时上下叠摞置放，上下器物间以泥钉垫隔，因而器物内底留下多个"泥钉痕"。传说九龙窑曾卧一真龙，有真龙显威，窑火一直兴旺，烧瓷供不应求。外人妒忌，出了一个"九窑同烧"的馊主意，结果真龙无处躲藏被烧死，从此窑倒火灭。九龙窑总体工艺技术与浙江龙泉近似，有些器物标本难分彼此。该窑南临松溪河，陶瓷运输顺流进入闽江，沿江而下经福州港外销。

十六、顺昌县

26. 河墩窑 位于顺昌县埔上乡河墩村。烧造年代为宋代。遗迹面积约2万平方米。有黑釉瓷、青白釉瓷、青釉瓷；器形种类有碗、盏、盘、杯、罐等多种。其中青釉刻划花者为珠光青瓷，釉色青黄，釉面开片玻璃质；胎色灰白，底足露胎，烧结度稍低，内底多留一涩圈，系刮釉叠烧；刻划纹饰线条流畅、图样清晰，内里除刻划花外间饰"之"字形篦纹，外壁或折扇纹、或成组的条纹、或光素无纹。河墩村在解放前称河垱村，所以也有人称河垱窑。据说这里有窑3座，村里曾有一位90岁的老者，傍晚路过见所有窑门大开，窑内金壁辉煌，闪闪发光，大喜，匆匆回家取筐挑瓷，然回去时已"皆不见"。沿819省道向南约1千米的东风自然村也有一处宋代窑址，多见青白瓷，未见珠光青瓷。

十七、福州市

27. 宦溪窑 位于福州市晋安区宦溪乡硋砶村和板桥村。烧造年代为南宋晚期至元代。硋砶窑遗迹分布于硋砶村内古树两旁的两座山及新厝后门山；板桥窑距约2千米，遗迹分布于新厝山，两窑面积合计2万多平方米。当地相传有三十六窑之说。主烧青白瓷、青釉瓷及少量黑釉瓷。器形有碗、盘、钵、盏、碟、灯盏、水注、枕、炉、执壶、瓶、花盆等。胎骨呈灰白、白色。晚期的胎体较厚重。常见浅浮雕莲瓣、阴刻荷花、贴花缠枝牡丹等装饰。正如《中国古陶瓷图典》所示该窑"有少量珠光青瓷"。其胎体厚度与同窑器物比较适中，色灰白。施釉不及底，内底刮釉一周，为涩圈叠烧。釉色青黄，釉面除少量玻璃质外，多数发矇，不透明、不光亮；纹饰相对简约，基本为单一的梳篦纹饰，该窑虽有很多产品与汀溪窑相似，但双方的珠光青瓷却相差甚远。板桥窑采用通常的漏斗形匣钵，而硋砶窑匣钵形状比较独特（图249）。

十八、福清市

28. 东张窑 位于福清市东张镇石坑村厝后山和岭下村宫后山。烧造年代为宋代。石坑窑遗物散布在约2平方千米范围内，瓷片、垫饼、支柱、支圈及漏斗型匣钵俯拾即是。该窑以烧制黑釉瓷和青釉瓷为主，也有少量青白瓷。产品包括各式碗、盏、碟、盘等，其中黑釉瓷与建阳黑釉瓷相似。窑中青釉刻划花产品即为珠光青瓷，从碗的造型看，腹部比较浑圆，"肚量大，装水多"；胎色灰白，稍偏灰，胎骨坚致，断痕齐整，烧结度很高；圈足修削不很整齐，端面毛糙；釉色青黄，有的偏灰不很稳定；釉面多数没同安窑那么透、亮，稍偏涩；主题纹饰间辅以"之"字形篦点纹，线条优美，布局有序，多现标志性"米"字形荷花纹，内底多刻团菊纹。也有的相对简约，线条笨拙生硬，似"学徒工"所作。其外壁或满刻折扇纹，或刻成组的线纹。岭下宫后山窑珠光青瓷相比石坑窑更趋简单，占比也更小。

十九、闽侯县

29. 大义窑 位于闽侯县青口镇大义村西坪亭，东临安民溪。烧造年代为宋代。当地一长者介绍西坪亭古时是广东、厦门进福州以及学子们进京赶考的要道，此古道长约600米，宽1至2.5米，路面以卵石、石块铺就，被踏磨的又光又滑。遗址面积约1万平方米。窑址表面散落大量黑釉瓷、青白釉瓷碎片及垫饼、匣钵等遗迹。作者对大义窑两次考察始终没有发现珠光青瓷踪影，第三次在2016年春节，邀博物馆馆长曾江先生一同前往大义西坪亭窑址，经曾馆长现场介绍，当年那些珠光青瓷碎片（图261），包括中国福建古陶瓷标本大系《闽侯窑》[20]中的珠光青瓷碎片，是在一局部的狭小范围内出土的，同时出土的还有一些黑釉瓷、青白瓷碎片，但没有任何窑具、垫具、垫饼之类伴随物。对此，我们共同分析，一致认为这些出土瓷片显然不是几件完整器物破碎后的堆积，也无使用痕迹，非扔弃的生活用瓷，将之与邻近的东张窑等珠光青瓷进行比对，虽为接近，但有所不同，应为大义窑所产。

二十、连江县

30. 浦口窑 位于连江县浦口镇周围的几个小山丘上。范围约10万平方米，乡间至今有着"三十六窑"之说。烧造年代为南宋至元代。产品以青瓷、青白瓷为大宗，兼烧黑釉瓷。胎骨呈灰或灰白色。器形有碗、盘、钵、碟、瓶、罐等，刻划、模印、堆贴工艺兼具，有卷云、篦点、莲花、莲瓣等纹样。窑内青白瓷如青白釉划花碟（图268）质量较好。青灰釉产品与汀溪窑晚期青灰釉产品相近，只不过浦口窑的胎质更为粗糙，做工更轻率些。该窑珠光青瓷产量不大，种类仅见碗、碟之类，多为粗品，胎质粗松，修坯不规整，圈足毛糙，施釉不到底，釉色多数偏灰；刻划花刀法笨拙，运笔不畅，内里布局紊乱、排列不整，外壁满刻折扇纹或光素无纹。窑址南临江河，东流入海，外销极为便利。

二十一、罗源县

31. 八井窑 位于罗源县松山镇八井村。烧造年代为南宋至元。遗迹约有2万平方米。八井原为盐碱地，缺少淡水，南宋时本邑官绅陈显伯，为解决村民饮水问题，首先在此打井，至清代共打井八口，后人将村名称作陈伯井以纪念，也称八井。该窑主产青白瓷，少量青瓷。部分刻划花青瓷可划入珠光青瓷类，但不很典型，产量不大，占比约10%。其胎体粗厚，修坯草率，釉色偏灰，釉面不很透明光亮；纹饰简约，仅见草叶纹、篦纹，线条不够犀利，篦点纹不很整齐。使用漏斗形匣钵装烧。抬头仰望，影影绰绰有一条龙窑攀山而上，山下地阔平坦并发现有两处作坊遗迹。据说古时海水涨潮能到附近，海上运输十分便捷。

二十二、宁德市

32. 飞鸾窑 位于宁德市蕉城区飞鸾镇飞鸾村包厝里。烧造年代为南宋至元。窑址堆积层较厚，分布范围约4万平方米。青釉瓷、青白瓷、黑釉瓷产品皆有烧制。珠光青瓷产量不大，器形种类以碗为大宗，胎壁厚薄适中，胎质细腻坚致，胎色灰白，修坯较为规整。釉色青黄，有的偏灰，釉面开冰裂纹，不很透明光亮；纹饰仅见简单的草叶纹和梳篦纹，器外壁无纹饰。采用漏斗式匣钵装烧。遗址至今还保留一宋代石桥，桥下至今水流不息。据村书记说，桥下有一水潭，过去水深达8米，相传有一凤凰飞落该窑，此后朝廷要求所产瓷器进贡，窑工们不从，便将整窑瓷器扔入水潭，后人因此常捞到精美瓷器，所以叫"聚宝潭"。

二十三、霞浦县

33. 半岭窑 位于霞浦县崇儒乡濂溪村半岭自然村。烧造年代为宋代。遗址面积一万余平方米。以青白瓷为主，黑釉瓷、青釉瓷较少。其中刻划花青瓷具备珠光青瓷特征，其胎色灰白或灰，釉色青灰；器形种类仅见碗类；纹饰简约，多为单一的篦划纹。窑址没有见到匣钵碎片，碗的内底多见涩圈，说明该窑以器物内底刮釉，上下叠摞的方式裸烧，不用或少用匣钵。此地亦名坑头厝，所以之前有文称坑头厝窑。此窑距下楼窑仅一步之遥，但下楼窑瓷的质量远胜该窑，两窑风格也不同。该窑珠光青瓷不够典型。

34. 下楼窑 位于霞浦县崇儒乡濂溪村下楼自然村。烧造年代为宋代。此窑曾多被称作"栏九岗窑"，对此，濂溪村老书记表示，此地名称应叫栏口岗，因本地口语"栏九"与"栏口"相近，致书面误写为"栏九岗"。下楼窑规模不大，遗址面积仅1220平方米。该窑专产青瓷，有刻划花装饰兼篦纹者为珠光青瓷，其器形种类有碗、盘、碟、盖；胎质精细，胎色白或灰白；圈足规整，足端作倒角处理，端面圆滑；施釉较彻底，多数到足壁，仅底足内无釉，釉色青黄或青绿，近"龙泉色"；刻划花装饰，内壁多为花卉纹兼篦点、篦划纹，纹样稠密，线条婉转，有珠光青瓷标志性"米"字形荷花纹，内底或刻团菊纹，或刻一圆圈，或刮釉留一涩圈，没有统一的定式；外壁刻划成组的线纹。总体风格近龙泉窑，但在纹饰方面流畅有余，刚劲不足。器物内底也多见涩圈，影响了器物的观赏性。该窑使用M形匣钵装烧。

二十四、福安县

35. 首洋窑 位于福安县晓阳乡首洋村附近的山头岗、瓦窑岗、红木垅头3处。烧造年代为宋代。山头岗距村2千米，瓦窑岗和红木垅头距村约1千米。山头岗有3座山包均发现有窑瓷遗迹，第一座山包窑长近百米，散落面积约3万平方米，另两座山遗迹各约2000平方米。首洋窑主产青白瓷，青釉瓷份额较少。珠光青瓷器形种类以碗、碟为主，其胎体坚硬，胎色灰白；施釉大多到足根，釉色青黄、青灰，釉层薄，釉面玻璃质感不强；纹饰刻划相对简约，内里多为简单的几笔草叶纹，线条纹饰多有走样。但也有内底刻团菊纹者，配之以娴熟的篦点、篦划纹，外壁满面刻划线纹，为首洋窑增添了几份富丽感。装烧采用M形匣钵。该窑珠光青瓷不够典型。

第二节　浙江省

浙江省内共发现有珠光青瓷窑（群）14个，分布于10县（市、区）。分别是江山市碗窑、衢江区两弓塘窑、金华市厚大窑、武义县抱弄口窑、永康市瑶坛窑、义乌市碗窑山窑、乐清市瑶岙窑、苍南县小心垟窑、大心垟窑、泰顺县玉塔窑、龙泉市金村窑、大窑、山头窑、大白岸窑。

二十五、江山市

36. 碗窑 位于浙江省江山市碗窑乡碗窑村东、西南面以及碗窑陈列馆后山，属达河窑址群组成部分。烧造年代为宋元。遗迹范围约6万平方米。产品种类有碗、盏、碟、盘、执壶、灯台、罐等，是烧制青瓷、青白瓷、酱釉瓷、黑釉瓷的综合性窑场。从窑址现场看，珠光青瓷、素面青瓷、白釉瓷、黑釉瓷片在同一地点堆积，或可说明他们是同窑同时烧制，并无先后。从综合调查情况看，江山窑烧制的珠光青瓷品种多见碗、碟类，其多数胎色灰白，胎体厚实，修坯工整；圈足露胎，施釉不到底，釉色青中偏黄；多数釉面不透明、不光亮、不开片，玻璃质感不强，同婺窑产品风格一致。纹饰刻划方面，内里多为花卉纹样，篦划、篦点纹有的以辅助纹饰出现，有的以主题纹饰出现。外壁线条刻划有的成组分布，有的满壁满排，也有的成折扇状满壁分布。少量造型挺秀，胎薄壁坚，圈足小巧，修削规整，施釉到足根，釉面透明、光亮、开片，玻璃质感强，纹样布局美观，线条纤细流畅，极具观赏性，是不可多得的珠光青瓷精品（图287）。江山博物馆藏有一个珠光青瓷碗，为江山市碗窑乡碗窑村遗址出土（图293），胎质精细，釉色纯正，碗内壁刻标志性"米"字荷花纹，加饰篦纹，纹样布局繁缛富丽，外壁满刻线纹，分布匀称，也是难得的珠光青瓷珍品。该窑采用漏斗形匣钵，一匣一器，正置仰烧。碗窑村是一个大村，由三个自然村构成，仅碗窑一个自然村即达400多户。相传古时土匪盛行，"名为烧碗，实为作匪"。笔者在窑址调查中也发现，常有几个空空无碗的匣钵粘连一起的现象，似乎真与"匪"有关。

二十六、衢州市

37. 两弓塘窑 位于浙江省衢州市衢江区全旺镇官塘村两弓塘山。烧造年代为宋元。窑址面积约1万平方米。器形有碗、盘、壶、瓶、盆、罐等，主烧青瓷，另有大量的褐彩瓷器和少量黑釉瓷。少量青黄釉刻划花瓷即为珠光青瓷，其胎色灰白，纹饰简约，内为寥寥数组篦划纹，外壁素面无纹饰。器物间以泥钉垫隔叠摞焙烧，不甚追求质量与美观，从碗（图297）的造型看，不富观赏性。

二十七、金华市

38. 厚大窑 位于浙江省金华市婺城区汤溪镇厚大村。烧造年代为宋代。遗迹分布绵延1千米，这是一个专烧青瓷的窑场，珠光青瓷占据多数。其器形种类偏少，仅见碗碟，胎质较粗糙，胎色偏灰；圈足修削较规整，腹坦足矮，釉色不很稳定，或偏黄、偏绿、偏灰，釉面较朦，不透、不亮、不开片；纹饰简约，多为常见的篦划纹拼凑而成，缺乏主题构想，属一般性珠光青瓷窑。使用M型匣钵，多一匣两器装烧。

二十八、武义县

39. 抱弄口窑 位于浙江省武义县熟溪街道抱弄口村碗窑。烧造年代为宋代。遗迹分布在约1千米范围内，规模较大，相传有"三十六窑"。主要以烧制碗、盏、盘、罐、瓶等器皿为主。青釉瓷占大多数，伴有少量黑釉瓷。青釉瓷中珠光青瓷约占三成，其胎体呈灰白色或灰色，圈足修削较规整，腹坦足矮；多数施釉近底，釉色青黄、青绿或青灰，釉面多数不光亮、不透明、不开片，玻璃质感不强；纹饰刻划比较紊乱，纹样简单，主题不明朗，内里主要刻划卷草纹、云气纹，内底多现团菊纹，外壁刻划线纹，或成组分布或满面均排，有的外壁无纹。使用M型匣钵，有的一匣一器装烧，有的一匣两器叠烧。此外，在相距不远的郭上村和郭下村，虽有文称有珠光青瓷，但经调查没有瓷窑发现，应是误传。

二十九、永康市

40. 瑶坛窑 位于浙江省永康市西城街道赵店村西南窑塘。烧造年代为南宋晚期。窑址范围不大，约2000平方米。遗迹分布在一座山包上，南侧下面是一座很大的池塘。冬天的早晨，满地白霜，而整个池面全被雾气笼罩，给人云里雾里莫测的感觉，好在窑边有住户，给以引导。该窑专烧青瓷，部分有刻划花装饰者为珠光青瓷，其胎色灰，胎质较疏松，烧结度不很高，器形坦，足低矮，施釉到足根，釉色多数偏灰发矇，有的因烧成温度不够而偏红，釉面不光亮、不透明，少玻璃质感；纹样基本是单一的梳篦纹，画面似是而非，单面刻划，外无纹饰。器物间以泥钉间隔叠烧，内底多见泥质垫痕，影响了美观。

三十、义乌市

41. 碗窑山窑 位于浙江省义乌市廿三里镇葛塘村碗窑山。烧造年代为宋元。窑址范围在整座碗窑山西侧与南侧，面积约5000平方米，产品以碗为主，兼烧盆、碟、壶、瓶、罐等。专门烧制青瓷，以青黄釉素面为多，部分刻划花装饰者为珠光青瓷，仅见碗类，胎体口沿处壁薄，向底足处渐厚，烧成温度不够，烧结度不高；釉色偏黄，釉面不透不亮，无玻璃质感；内里刻划简单的花草纹，外刻线纹，有的成组分布，有的满壁均布。采用叠烧方式，上下两碗间以泥钉垫隔。该窑为晚期珠光青瓷类型。

三十一、乐清市

42. 瑶岙窑 位于浙江省乐清市虹桥镇瑶岙村碗窑山。烧造年代为宋代。寻此窑址是爬山时间最长的，从瑶岙村沿古驿道快行一个多小时到达瑶岙岭顶，遗址在岭顶寺庙后侧的山林里，总面积约6000平方米。产品有碗、盘、罐、缸、烛台等，碗为大宗。遗物堆积分别在两座山上，一座以烧青白瓷为主，质量高，有的瓷片甚为精美；另一座主烧青瓷，涩圈叠烧，质量较差，多数火候不足，烧结度不高，偏灰。该窑珠光青瓷，器形种类仅见碗类，其胎呈灰色，胎质粗松，断面多呈锯齿状；釉色青黄，多数偏灰；外壁施釉不及底，多露胎，内底多有刮釉留一涩圈；刻划花装饰，内刻莲瓣纹、草叶纹，有的以简单的梳篦纹表达花瓣的样子，底部有的刻团菊纹，外壁有的光素无纹，有的满壁刻划线纹。

三十二、苍南县

43. 小心垟窑 位于浙江省苍南县藻溪镇小心垟村。烧造年代为宋代。遗址面积约5000平方米，主要器物以碗为主，另有碟、盘、杯、执壶、罐等。有青瓷、青白瓷，以青白瓷为主，个别的瓷质白，近乎白瓷。该窑珠光青瓷所占比重不少，其胎色灰白或灰色，胎体较致密，烧结度尚高，虽仅见碗类，但从仅有的几块不同的瓷片可推测器形种类并不少；施釉不到底，近底足处无釉，釉色青黄，有的发灰，釉面多数不很光亮、透明，玻璃质感不很强；纹饰多见双面刻划，内里多刻莲纹、花卉纹间辅篦纹，纹样繁缛，线条流畅，内底多有团菊纹出现，外壁刻划复线纹并分组排布。有的内底现一涩圈，为刮釉叠烧所致。匣钵采用漏斗形。从该窑青白瓷品质看，珠光青瓷应有精品。

此次考察得到了村民宋方雪的大力帮助，当得知作者从福建同安而来并说明来意后，以极大的热情带路帮助。从藻溪镇车行8千米到达吴家园水库，坐船5千米水路到对岸，再沿挑矾古道翻山越岭2千米到达小心垟，一起目测分布面积，一同搜集标本，事毕又一起从小心垟沿挑矾古道再往山里行进2千米到达大心垟窑。始于明代的挑矾古道共20千米，其矾运规模至1953年达到鼎盛，当时整条古道每天人流多达万人。他会说闽南话，说苍南虽为浙江却有一半人讲闽南话，他们祖辈约是在清初从福建同安移民而来，因此也算是同安老乡了。他说挑矾古道应当是挑瓷古道的继承，十几千米翻山越岭肩挑实属不易。

44. 大心垟窑 位于浙江省苍南县矾山镇大心垟

村。烧造年代为宋代。窑址面积约1000平方米。产品种类除小心垟窑已有的青白瓷、青瓷外还有黑釉瓷。胎、釉、纹饰、装烧方式等基本同小心垟窑，但质量不及小心垟窑好，规模也不及小心垟窑大。该窑珠光青瓷纹饰比小心垟窑趋向简单潦草，碗形笨拙，釉色偏绿。珠光青瓷所占比重很小。匣钵采用漏斗形。

三十三、泰顺县

45. 玉塔窑 位于浙江省泰顺县彭溪镇玉塔村东北约4千米的菖蒲。烧造年代为宋代。据考证有青瓷窑址3处，青白瓷窑址7处，如今这里都已成为种茶基地。器形有碗、盘、碟、盏、罐、壶、瓶、灯盏、水盂等。青白瓷胎壁较薄，质地坚细，以素面为多，采用覆烧，多留有"芒口"。黑釉瓷较少。青瓷中大多有刻划装饰，为珠光青瓷，其中一窑专烧珠光青瓷，其胎壁较厚，质地致密，色灰白或灰色，底足修削工整，足端面转角处有倒角工序；施釉逼近底足，仅足内无釉，内底涩圈；釉色青黄或青绿，釉面不很光亮透明，玻璃质感不很强；纹饰多见卷草纹，"米"字形荷花纹绚丽多彩，作为辅加纹饰的篦点纹，水波状态表达真切。也有些将梳篦纹作为主题纹饰的，底心多为团菊纹；外壁多见折扇纹和线纹，或满壁刻划或成组分布。玉塔窑珠光青瓷器形种类比较丰富，除大宗碗外，有盏、碟、瓶、器盖、盒等。玉塔窑由于多为叠烧，有涩圈，加之火候不到，所以多见生烧或烧结度不高的现象，但总体上玉塔窑给人以全新的感觉，内有乳突的珠光青瓷斗笠碗是十分精美的。

三十四、龙泉市

探讨珠光青瓷，龙泉窑至为重要。龙泉窑总的生产年代为五代至明清，鼎盛期在南宋。主要由大窑、金村窑、溪口窑、龙泉东区四大片区构成。珠光青瓷主要在金村窑发现，大窑其次，龙泉东区仅有少量，溪口窑则未发现。纵观龙泉窑瓷历史发展，宋元时期主要分为以下几个阶段：第一阶段北宋早期，运用刻划技法、纹样纤细规整、承继越窑风格；釉色淡青、胎白质细，以瓷质垫圈垫烧。第二阶段北宋中晚期，采用双面刻划、纹样繁缛，辅以篦纹或单以篦纹作主题纹饰；釉色青黄或青绿、釉面光亮透明，以泥质垫饼垫烧，足底无釉，有"质颇粗厚"的感觉，但此时期刻划花技术水平确也发展到了历史顶峰。第三阶段南宋早中期，釉色由青黄变青灰或青绿，腹部下蹲，胎底增厚，纹饰流畅疏朗，多为内壁单面刻划，碗口多"葵口出筋"，内底常印"河滨遗范"、"金玉满堂"等铭文，仍为泥饼垫烧，足底无釉，碗的内底变平坦，造型美感度降低。第四阶段南宋中期以后，改变施釉配方，采用石灰碱釉，乳浊感强，多次施釉，釉厚肥润，粉青、梅子青异彩夺目，产品种类多样，器形秀美，胎薄质细、圈足规整，以釉取胜，纹饰大大减少或素面无纹饰，瓷质饼垫烧，施全釉，仅圈足端面无釉。此时期达到龙泉窑鼎盛时期，温润如玉的釉美得到极致发挥，成为龙泉窑的主流和代表。第五阶段元代，釉色青绿，厚胎厚釉，烧结度高，胎质最为坚硬，色泽清亮，圈足变大、足墙变厚，器物腹部下垂，碗变"墩子碗"，元代中晚期再度改用垫圈垫烧，足内常留有"火石红"痕迹，并开始衰退。龙泉窑基本使用M形匣钵或筒型匣钵，不见漏斗形匣钵。珠光青瓷在第二阶段，属"质颇粗厚"的那种瓷。

46. 金村窑 位于浙江省龙泉市小梅镇金村。烧造年代为五代至元。已发现窑址16处，密集分布在长约4千米的狭长地带里，皆为龙窑。金村窑珠光青瓷生产时间在北宋中晚期，虽占比较小，但具有一定规模。金村窑珠光青瓷器形种类相对丰富，有碗、盏、盘、碟、盖、瓶等；胎壁坚薄，胎质细腻，胎色灰白或白；圈足规整，足端面转角处多作倒角修削，施釉到足根，釉色青黄带绿，釉面透亮感稍失，玉质感增强；纹饰双面刻划花较多，外壁为直条纹或折扇纹；内壁主题纹饰主要是"米"字形荷花纹、"三叶纹"，内底刻划旋轮式的菊花纹或星状菊瓣纹，辅助纹饰多为并排的篦点纹、之字形篦点纹和弧形篦纹，纹样极其繁缛，满面布局不留空白，为珠光青瓷最精细产品的代表。当然，也有的胎较粗，刻划纹饰简约，甚至被认为不是龙泉窑产品。这样的情况在汝窑，在南宋官窑也同样存在，无论名窑、民窑都有粗细之分。

47. 大窑 位于浙江省龙泉市小梅镇大窑村。从高际头、大窑到垟岙头沿溪两侧山坡上，共有窑址53处，窑型皆属龙窑。大窑烧造历经两宋元明清，《龙泉大窑古瓷窑遗址发掘报告》T10出土器物[21]显示，一个内外双面刻划，另一个单内里刻划，但纹样皆繁缛，都填以弧形篦纹，珠光青瓷生产年代正是在这一时期，北宋中期，也即《龙泉窑瓷鉴定与鉴赏》中"质颇粗厚"那一种。大窑珠光青瓷较金村窑少。浙江省古窑址标本中心收藏有大窑珠光青瓷，其胎、釉纹饰与金村窑珠光青瓷一致。

48. 山头窑 位于浙江省龙泉东区道太乡大白岸村山头窑自然村。龙泉东区紧水滩已发现窑址218处，其中宋元33处。山头窑主流产品年代在南宋中期，釉色青灰或青绿；胎壁向下增厚，碗的内底变平坦，外壁与足壁近90度夹角；单面刻划，内里纹饰疏朗流畅；"河滨遗范"、"金玉满堂"等铭文已少见；仍为泥饼垫烧，足底端面无釉。该窑经考察虽未发现珠光青瓷，但从《龙泉东区窑址发掘报告》[22]（图370）看确有标志性"米"字形荷花纹珠光青瓷，地点为山头窑13号，年代为北宋末到南宋初期。

49. 大白岸窑 位于浙江省龙泉东区道太乡大白岸村西山湾。大白岸窑与山头窑产品基本相同，年代也相仿。笔者两次前往窑址进行调查，当时大白岸发掘的窑址已被水淹没，未发现珠光青瓷碎片。但从《龙泉东区窑址发掘报告》（图374）看，确有标志性"米"字形荷花纹珠光青瓷，地点在大白岸金钟湾22号窑，属北宋晚期。大白岸区域珠光青瓷生产时间不长，"堆积层薄"，规模不大。

第三节 广东省
三十五、潮州市

50. 笔架山窑 位于广东省潮州市湘桥区韩江东岸韩山。烧造年代为宋代，时称"水东窑"[23]。韩山顶部有三峰，形似笔架又名笔架山。由南及北包括蟹山、印山、韩山师院后山、虎山、猪头山等多个山头，绵延三千米均有遗迹，传说有窑99座，有"百窑村"之称。产品有碗、盏、盘、碟、杯、盆、钵、灯、炉、瓶、壶、罐、盂、粉盒、人物、动物雕塑等。笔架山潮州窑遗址，现有遗存仍然不少，主要在印子山一带。主烧青白瓷、青釉瓷、黑釉瓷、酱釉瓷数量较少。釉层较薄，一般不开片，多无玻璃质感。装饰以刻划为主，兼有雕、剔、镂孔等手法。笔架山窑为龙窑，以漏斗形匣钵装烧。曾经出土的一件瓷佛像座，上刻"治平三年丙午岁次九月一日题"，为公元1066年，北宋。有相当数量的观音、佛像以及小洋人、哈叭狗等，产品销往海外。关于笔架山窑珠光青瓷问题，笔者两去广东，三下潮州，功夫不负有心人，第三次终于在颐陶轩潮州窑博物馆标本室找到了三小片珠光青瓷（图378），且与潮州市博物馆藏青瓷刻划花碗（图377）完全一致，皆是标准的珠光青瓷。其胎质灰或灰白，圈足处理与同窑其他产品类同，足壁倾斜；釉色青黄，玻璃质开片，施釉不到底；内里刻划花间加篦纹，外壁刻线纹，较生硬。从标本室仅有三片珠光青瓷的稀有程度看，该窑珠光青瓷数量很少。

参考文献：

[1] 陈万里：《调查闽南古代窑址小记》，《文物参考资料》1957年第9期。

[2] 杜志政：《珠光青瓷故乡——同安窑》，厦门大学出版社2012年版。

[3] 中国古陶瓷图典编辑委员会编：《中国古陶瓷图典》，文物出版社1998年版，第62页。

[4] （日）稻垣正宏著，新保辰夫、丰田裕章译：《两种珠光茶碗》，《海交史研究》1997年第1期。

[5] （日）矢部良明编：《唐物茶碗》，株式会社淡交社，平成11年10月。

[6] 丁刚：《揭秘：习主席提到的"黑石号"是怎样一艘宝船？》，人民网2017年5月24日。

[7] 中国国家博物馆水下考古中心、海南省文物保护办公室编著：《西沙水下考古》（1998～1999），科学出版社2006年版。

[8] 福建沿海水下考古调查队：《2008年莆田沿海水下考古调查简报》，《福建文博》2009年第2期。

[9] 曾广亿著：《粤港出土古陶瓷文集》，岭南出版社2012年12月版。

[10] 刘淼：《从沉船资料看宋元时期海外贸易的变迁》，《福建陶瓷与海上丝绸之路：中国古陶瓷学会福建会员大会学术研讨会论文集》，东北师范大学出版社2016年9月版。

[11] 彭维斌：《海丝航路上的宋元福建外销瓷——兼谈中国外销瓷对东南亚社会文化的影响》，《福建陶瓷与海上丝绸之路：中国古陶瓷学会福建会员大会学术研讨会论文集》，东北师范大学出版社2016年9月版。

[12] 奥田诚一：《陶器讲座》第12卷，日本雄山阁株式会社1938年版，第138页。

[13] 童兆良：《上林窑工》，《检点上林文明》，中国文联出版社2003年12月版。

[14] 三上次男：《支那青瓷史稿》"德清后窑"条，日本文中堂1943年版。

[15] 任世龙、汤苏婴：《龙泉窑瓷鉴定与鉴赏》，江西美术出版社2004年版。

[16] 黄晓蕙：《佛山奇石古窑及相关的几个问题》，《南方文物》2016年第2期。

[17] 同安交通志编委会编：《同安交通志》，厦门大学出版社1993年10月版。

[18] 郑东著：《厦门陶瓷之路》，海峡文艺出版社2016年2月版。

[19] 曾凡著：《福建陶瓷考古概论》，福建省地图出版社2001年6月版。

[20] 曾江、曾致远、朱燕英：《闽侯窑》，福建美术出版社2005年9月版，第34-40页。

[21] 浙江省轻工业厅编：《龙泉青瓷研究》，文物出版社1989年版。

[22] 浙江省文物考古研究所编：《龙泉东区窑址发掘报告》，文物出版社2005年6月版。

[23] 广东省博物馆编：《潮州笔架山宋代窑址发掘报告》，文物出版社1981年版。

[24] 故宫博物院古陶瓷研究中心编：《故宫博物院藏中国古代窑址标本》，紫金城出版社2005年10月版。

[25] 叶文程、林忠干：《福建陶瓷》，福建人民出版社1993年版。

[26] 栗建安：《福建古代外销瓷窑址的考古发现与研究》，载中国古陶瓷学会编：《中国古陶瓷研究》第14辑，紫金城出版社2008年10月版。

[27] 张柏主编：《中国出土瓷器全集》（1~16卷），科学出版社2008年3月版。

[28] 庄为玑：《古刺桐港》，厦门大学出版社1989年版。

[29] 戴显群：《唐宋时期我国第一贸易大港地位的转换》，载《海交史研究》2004年第2期。

[30] 彭涛、石凡：《青白瓷鉴定与鉴赏》，江西美术出版社2004年版。

[31] 禚振西、杜文：《耀州窑瓷鉴定与鉴赏》，江西美术出版社2000年版。

[32] 浙江省博物馆典藏大系《窑火遗韵》，浙江古籍出版社2009年版。

表一

古代珠光青瓷胎釉化学成分分析表

序号	窑名	标本名称	年代	位置	Si_2O_3	Al_2O_3	Fe_2O_3	CaO	MgO	K_2O	Na_2O	TiO_2	MnO	总和	备注
1	汀溪窑	珠光青瓷	宋	胎	77.49	16.45	2.1	-	-	3.55	0.44	-	-	100.03	
				釉	75.07	13.68	1.47	5.35	1.13	2.91	0.18	-	0.2	99.99	
2	金村窑	珠光青瓷	宋	胎	77.23	16.9	1.88	-	-	3.86	0.14	-	-	100.01	
				釉	65.82	11.7	2.62	15.04	1.55	2.91	-	-	0.39	100.03	
3	九龙窑	珠光青瓷	宋	胎	78.49	13.55	2.95	-	0.7	4.3	-	-	-	99.99	
				釉	69.28	11.73	2.48	10.72	1.77	2.92	-	0.59	0.55	100.04	
4	荆坑窑	珠光青瓷	宋	胎	65.31	27.07	3.62	-	-	3.68	-	0.32	-	100	
				釉	73.2	13.52	1.26	5.59	1.03	4.69	-	-	0.75	100.04	
5	南坑窑	珠光青瓷	宋	胎	75.6	17.28	2.03	-	-	5.12	-	-	-	100.03	
				釉	67.41	15.55	1.62	9.02	1.41	4.27	-	-	0.71	99.99	
6	英山窑	珠光青瓷	宋	胎	77.63	15.9	1.82	-	-	3.66	0.13	0.65	0.21	100	
				釉	70.38	13.13	1.64	8.4	1.72	4.05	-	-	0.66	99.98	

注：该成分分析由厦门大学考古人类学实验中心葛威博士测试。

表二

古代有关窑瓷瓷胎釉化学成分统计表

序号	窑名	标本名称	年代	位置	SiO_2	Al_2O_3	Fe_2O_3	CaO	MgO	K_2O	Na_2O	TiO_2	MnO	P_2O_5	总和	备注
1	龙泉大窑	青釉壶片	北宋中期	胎	76.47	17.51	1.28	0.60	0.34	3.08	0.27	0.42	0.02		100.00	浙江省轻工业厅编：《龙泉青瓷研究》,文物出版社1989年版。
				釉	59.37	15.96	1.80	16.04	2.04	3.43	0.32	0.39	0.62		99.97	
2	龙泉金村窑	青釉划花碗片	南宋早期	胎	74.23	18.68	2.27	0.54	0.59	2.77	0.48	0.42	0.02		100.00	浙江省轻工业厅编：《龙泉青瓷研究》,文物出版社1989年版。
				釉	63.25	16.82	1.42	13.00	1.09	3.26	0.57	0.23	0.43		100.07	
3	越窑	青釉碗底	北宋	胎	76.07	15.28	2.13	0.79	0.62	2.69	0.91	0.84	0.04	0.13	99.50	任世龙、谢纯龙：《越窑瓷鉴定与鉴赏》,江西美术出版社2000年版。
				釉	59.04	13.04	2.03	16.29	3.19	1.60	0.74	0.58	0.64	1.94	99.09	
4	耀州窑	青釉瓷片	北宋	胎	67.21	12.78	2.41	10.43	2.30	3.27	0.41	0.24	0.07	0.71	99.83	禚振西、杜文：《耀州窑瓷鉴定与鉴赏》,江西美术出版社2002年版。
				釉	73.25	20.69	1.75	0.21	0.64	2.49	0.16	1.19	0.004	0.06	100.45	
5	耀州窑	青釉瓷片	金代	胎	69.17	13.35	1.67	9.93	1.86	2.90	0.32	0.27	0.045	0.64	100.16	
				釉	75.94	18.37	1.98	0.34	0.56	1.95	0.28	1.12			100.54	
6	景德镇窑	青白釉瓷	北宋	胎	76.52	18.80	0.70	0.35	0.11	2.71	0.29	0.06	0.08	0.00	99.62	《陶瓷学报》2006年第27卷第3期
7	汝窑	青釉瓷	北宋	胎	65.3	27.71	2.20	0.56	0.42	1.86	0.17	1.24	–	0.10	99.56	中国文博网论坛
				釉	58.8	17.02	2.11	15.16	1.71	3.24	0.6	0.21	–	0.58	99.43	
8	定窑	白釉瓷	北宋	胎	61.39	33.26	0.73	1.08	1.16	1.29	0.34	0.75	0.02	0.03	100.05	北京大学考古文博学院崔剑锋、秦大树、韩立森、高美京、李鑫、黄信：《定窑细白瓷胎釉化学组成时代演进的研究》
				釉	70.13	19.25	0.75	4.28	2.39	1.87	0.7	0.12	0.04	0.35	99.88	
9	定窑	白釉瓷	金代	胎	65.22	28.86	1.13	0.89	0.98	1.86	0.29	0.78	0.02	0.04	100.07	
				釉	70.34	18.13	1.25	3.9	2.81	2.3	0.34	0.21	0.03	0.53	99.84	
10	德化窑	碗坪仑	宋	胎	70.85	21.14	0.78	0.27	0.31	6.09	0.53	0.19	0.04		100.2	德化陶瓷馆
11	汀溪窑	青白釉瓷	宋	胎	71.54	21.25	0.55	0.52	–	2.8	3.34	–	–		100	厦门大学考古人类学实验中心葛威博士测试。
				釉	73.00	16.6	0.76	5.37	0.9	1.98	1.29	0.1	–		100	
12	汀溪窑	灰青釉瓷	宋末	胎	70.85	16.18	1.78	8.12	–	2.89	0.19	–	–		100.01	
				釉	64.08	15.1	1.63	16.62	–	2.42	0.17	–	–		100.02	

注：1、纯粹的瓷土主要由SiO_2、Al_2O_3和H_2O构成，其成分是46.5、39.5和14.0。按照景德镇陶瓷原料配方，Al_2O_3含量在20%以上者为二元配方，从此表看，大致可以推理这一时期定窑、汝窑、耀州窑（北宋）以及汀溪窑青白瓷胎为二元配方。2、耀州窑数据可能有误，胎釉数据颠倒了。

表三

古代珠光青瓷窑调查情况统计表

省	县市区	序号	窑名	是否烧制珠光青瓷	省	县市区	序号	窑名	是否烧制珠光青瓷	省	县市区	序号	窑名	是否烧制珠光青瓷
福建	同安区	1	汀溪窑	是	福建	仙游县	38	云居窑	否	浙江	永康市	75	瑶坛窑	是
	集美区	2	磁窑	是			39	碗边窑	否			76	碗坑塘窑	否
		3	碗窑	否			40	圣山窑	否		东阳市	77	葛府窑	否
	海沧区	4	囷瑶窑	是		建阳市	41	建窑	否			78	歌山窑	否
		5	上窑窑	是			42	白马前窑	是		义乌市	79	碗窑山窑	是
		6	东瑶窑	是			43	华家山窑	否		临安市	80	天目窑	否
	泉州市	7	东门窑	否		武夷山	44	遇林亭窑	是			81	小仙坛窑	否
	晋江市	8	磁灶窑	是		南平市	45	茶洋窑	是		绍兴市	82	帐子山窑	否
		9	南坑窑	是		浦城县	46	碗窑背窑	是			83	傅家岭窑	否
		10	东田窑	否			47	大口窑	否			84	窑寺前窑	否
		11	蓝溪窑	否		松溪县	48	半路窑	否		慈溪市	85	上林湖窑	否
	南安市	12	岐山窑	否			49	九龙窑	是		台州市	86	沙埠窑	否
		13	石壁窑	是		顺昌县	50	河墘窑	是		乐清市	87	瑶岙窑	是
		14	荆坑窑	是		漳平市	51	官山窑	否		瑞安市	88	外三甲窑	否
		15	高塘窑	是		三明市	52	鳌头窑	否		苍南县	89	小心垟窑	是
		16	深辉窑	是		福州市	53	垌瑶窑	否			90	大心垟窑	是
	永春县	17	玉美窑	是			54	宦溪窑	是		泰顺县	91	玉塔窑	是

省	市/县	编号	窑名	是否	省	市/县	编号	窑名	是否	省	市/县	编号	窑名	是否
福建	安溪县	18	桂瑶窑	否	福建	福清市	55	东张窑	是	浙江	龙泉市	92	金村窑	是
		19	魁斗窑	否		闽侯县	56	大义窑	是			93	大窑	是
		20	三村窑	否			57	横列窑	否			94	山头窑	是
	德化县	21	碗坪仑窑	否		闽清县	58	义窑	否			95	大白岸窑	是
		22	屈斗宫窑	否			59	大箦窑	否			96	溪口窑	否
		23	罗宛井窑	是		连江县	60	浦口窑	是		潮州市	97	笔架山窑	是
		24	英山窑	是			61	魁岐窑	否	广东	广州市	98	西村窑	否
		25	赤土窑	是		罗源县	62	八井窑	是		佛山市	99	奇石窑	否
		26	竹树窑	是		宁德市	63	飞鸾窑	是	江西	景德镇市	100	湖田窑	否
		27	南山窑	否		霞浦县	64	东山窑	否			101	盈田窑	否
	漳浦县	28	石步溪窑	否			65	半岭窑	是			102	胜梅亭窑	否
		29	仙洞窑	否			66	下楼窑	是			103	黄泥头窑	否
		30	美林窑	是		福安市	67	首洋窑	是	陕西	铜川市	104	耀州窑	否
		31	石寨窑	否		周宁县	68	硋窑	否	河南	宝丰县	105	汝窑	否
	长泰县	32	碗盒山窑	是	浙江	江山市	69	碗窑	是		汝州市	106	临汝窑	否
	云霄县	33	水头窑	否		衢州市	70	两弓塘窑	是	河北	曲阳县	107	定窑	否
	东山县	34	磁窑	是		金华市	71	汉灶窑	否	湖南	长沙市	108	铜官窑	否
	诏安县	35	肥窑	否			72	铁店窑	否					
	莆田市	36	庄边窑	是			73	厚大窑	是					
		37	碗洋窑	否		武义县	74	抱弄口窑	是					

古代珠光青瓷窑址分布图

图 版

1. 汀溪窑

1. 汀溪窑青釉刻划花碗（残） 宋，高6cm、口径14.5cm、足径4.8cm。侈口，弧腹，小圈足。灰白胎，厚薄适中。内里满釉，外壁施釉至足根。釉色呈枇杷黄色，釉面光亮润泽，玻璃质，冰裂纹。碗内对称刻划莲花、荷叶，两两对称，荷瓣丰满，含苞欲放，栩栩如生，荷纹间轻划弧线篦纹；外壁刻划莲瓣纹，莲瓣内、莲瓣间刻划篦划纹。整个碗轻巧、别致，是珠光青瓷精美之作。

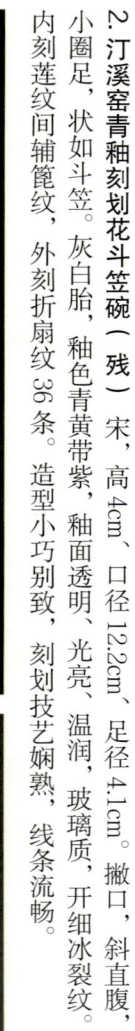

2.汀溪窑青釉刻划花斗笠碗（残）宋，高 4cm、口径 12.2cm、足径 4.1cm。撇口，斜直腹，小圈足，状如斗笠。灰白胎，釉色青黄带紫，釉面透明、光亮、温润，玻璃质，开细冰裂纹。内刻莲纹间辅篦纹，外刻折扇纹 36 条。造型小巧别致，刻划技艺娴熟，线条流畅。

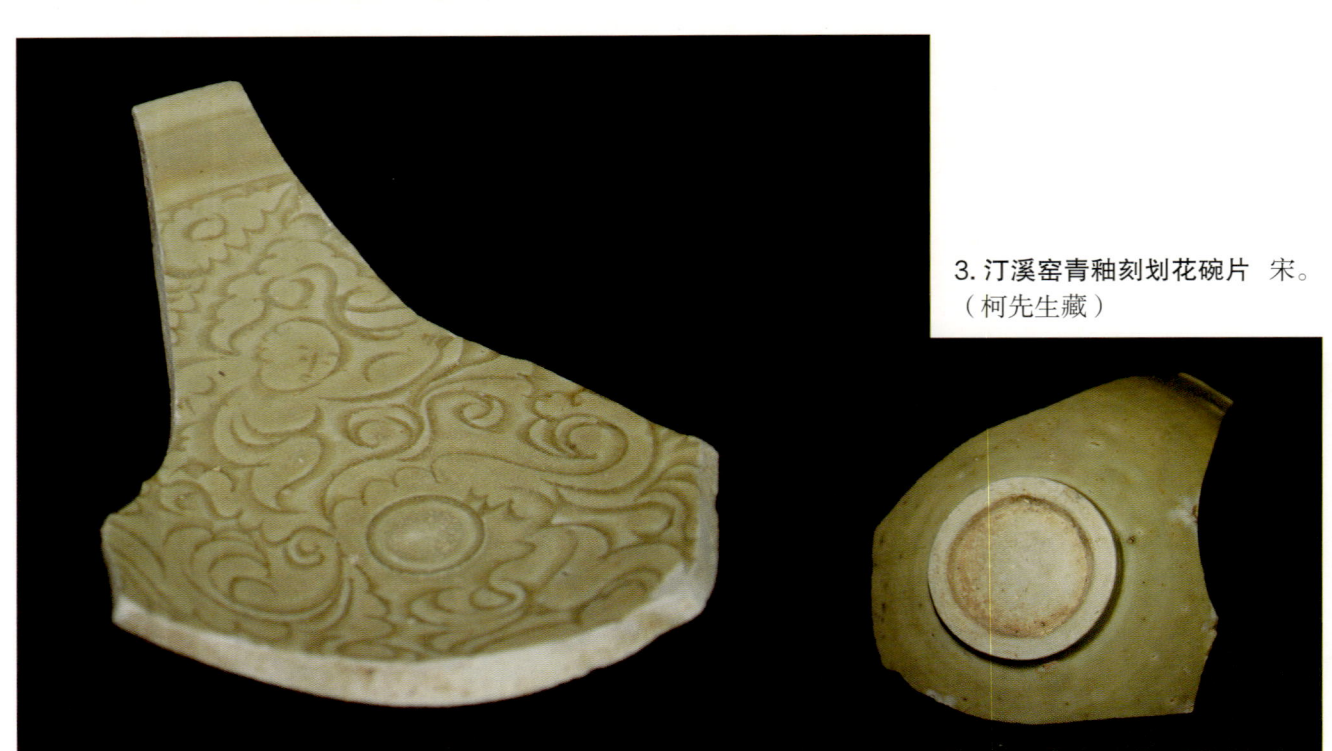

3.汀溪窑青釉刻划花碗片 宋。（柯先生藏）

4. **汀溪窑青釉划花斗笠碗（残）** 宋，高4.3cm、口径13.5cm、足径4cm。撇口，斜直腹，小圈足。灰白胎，施青釉，釉色偏黄带绿，光亮透明，润泽，玻璃质，开冰裂纹。内划莲花纹间以篦纹。线条柔和流畅，釉面润泽，造型小巧别致，制作精细，让人爱不释手。

5. **汀溪窑青釉刻划花碟片** 宋，高3.3cm、口径14.5cm、足径5.2cm。

6. 汀溪窑青釉刻划花盘（残） 宋，高4.7cm、口径18.5cm、足径5.8cm。口沿外撇，弧腹，修足规整。灰白胎，釉色青中泛黄，开细冰裂纹。内里三层纹饰，主画面刻以珠光青瓷标志性"米"字莲纹，间划精密篦点纹；外刻划数组复线纹，圈足内有墨书字。纹样繁缛丰富，层次分明，制作精细，造型别致，极富观赏性。

7. 汀溪窑青釉划花荷纹碗片 宋。釉色纹饰极为精美。

8. 汀溪窑青釉刻划花碗片 宋，高8cm、口径18.6cm、足径5.7cm。（厦门市博物馆藏）

9. 汀溪窑青釉刻划花盒盖片 宋，高2.8cm、口径16.5cm。纹样布局美观，线条苍劲有力。

10. 汀溪窑青釉刻划花碗片 宋。

43

11. 汀溪窑青釉刻划花荷纹碗片 宋。
高 5.9cm、口径 15.8cm、足径 5.2cm。

12. 汀溪窑青釉刻划花鹿纹碗
宋，高 7.0cm、口径 18.5cm、足径 6.4cm。

13. 汀溪窑青釉刻划花鹿纹碗（残）
宋，高 7.2cm、口径 18.2cm、足径 6.1cm。

14. 汀溪窑青釉划花器物残片 宋。线条纤细，技法娴熟。

15. 汀溪窑青釉刻划花碗片 宋,高 4.2cm、口径 16.1cm、足径 5.8cm。

16. 汀溪窑青釉刻划花鹿纹碗（残） 宋,高 5.3cm、口径 14.8cm、足径 4.6cm。

17. 汀溪窑青釉刻划花碟片 宋,高 2.2cm,口径 11cm,底径 4cm。

18. 汀溪窑青釉刻划花鹿纹碗片 宋，高10.3cm、口径20.8cm、足径6.8cm。内里纹饰精美，底印小鹿。刻划工艺娴熟、线条酣畅洒脱，苍劲有力，画面栩栩如生。

19. 汀溪窑青釉刻划花碗片 宋。 　　　　　　　　20. 汀溪窑青釉刻划花碗片 宋。

21. 汀溪窑青釉刻划花器物残片 宋。

22. 汀溪窑青釉刻划花动物纹器物残片 宋。

23. 汀溪窑青釉刻划花碗片 宋

24. 汀溪窑青釉刻划花碗片 宋。

25. 溪窑青釉器物残片 宋。

26. 汀溪窑青白釉执壶（残）宋，高22.5cm、口径9.2cm、腹径15cm、足径8cm。侈口，沿外翻，长颈，溜肩。灰白胎，青白色釉，透明，开细小冰裂纹。制作精巧美观。

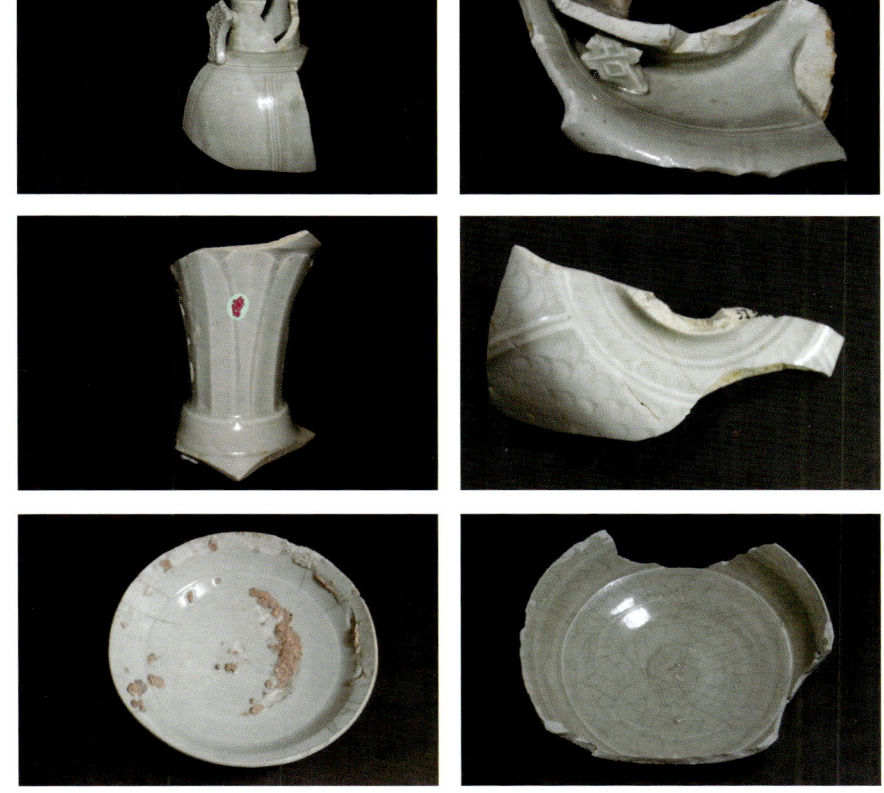

27. 汀溪窑青白釉器物残片 宋。

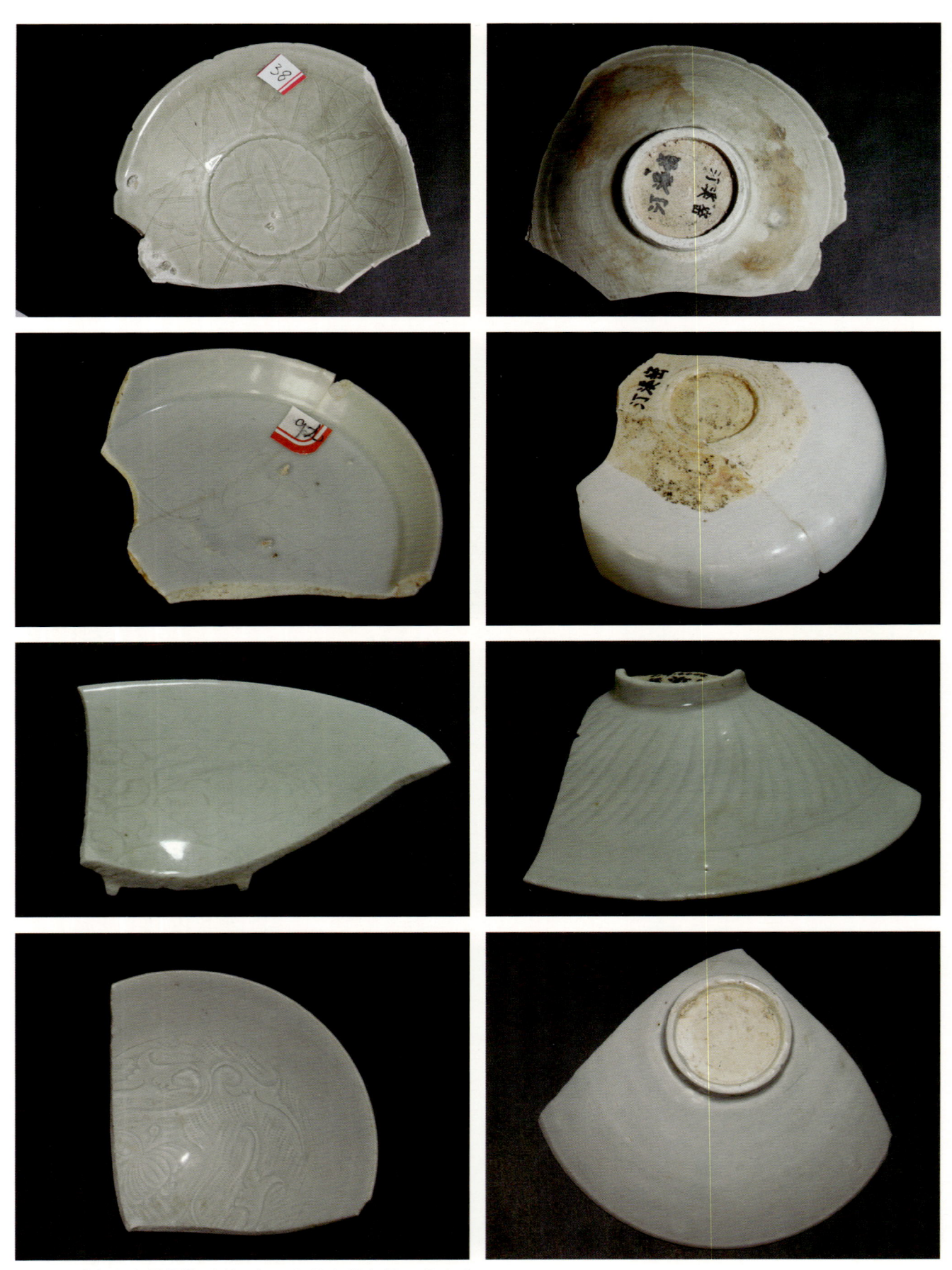

28. 汀溪窑青白釉器物残片 宋。表现出很高的工艺水准。

29. 汀溪窑青灰釉莲瓣纹瓶 宋，高 21.2cm、口径 7.1cm、足径 7.1cm。

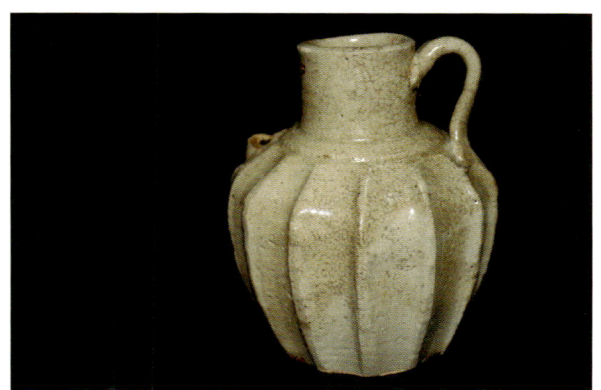

30. 汀溪窑青灰釉瓶 宋。

31. 汀溪窑青灰釉执壶 宋。

32. 汀溪窑青灰釉器物（残）宋。

33. 汀溪窑轴顶碗、挡箍等轮车构件及瓷刀 宋元。

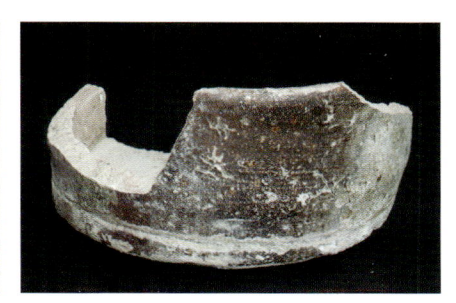

34. 汀溪窑匣钵、垫柱、垫片、垫圈、垫饼、火照等 宋元。

35. 汀溪窑青灰釉双鱼洗片 宋。

36. 汀溪窑遗址

2. 磁窑

37. 磁窑青釉刻划花碗片 宋，高7.1cm、口径17cm、足径6.6cm。胎色灰白，胎质疏松，有鼓包；釉色青黄，釉面开片；内刻莲纹间划篦纹，口沿外撇。

38. 磁窑青釉刻划花碗片 宋。

39. 磁窑青釉刻花炉片 宋，高6.9cm、口径11.8cm、足径5cm。

40. 磁窑M型匣钵 宋。

3. 困瑶窑

41. 困瑶窑青釉刻划花碗片 宋，高7 cm、口径19.4 cm、足径6.3 cm。胎坚致，口微敛，釉层薄，不开片，内饰卷草纹间篦点纹，外饰成组线纹。

55

42. 困瑶窑青釉刻花器物残片 宋。

43. 困瑶窑其他器物残片及窑具 宋。

44. 困瑶窑遗址

4. 上瑶窑

45. 上瑶窑窑具 宋。

46. 上瑶窑遗址

47. 上瑶窑器物残片 宋。

48. 上瑶窑青釉刻划花碗片 宋。

5. 东瑶窑

49. 东瑶窑青釉刻划花碗片 宋，高 7.6cm、口径 17.3cm、足径 6.5cm。口沿外撇，纹饰简约。

50. 东瑶窑青釉刻划花器物残片 宋。

51. 东瑶窑青釉刻划花碗片 宋。

52. 东瑶窑器物残片 宋元。

53. 东瑶窑青釉、黑釉瓷残片 宋元。

54. 东瑶窑匣钵 宋。

55. 东瑶窑遗址

6. 磁灶窑

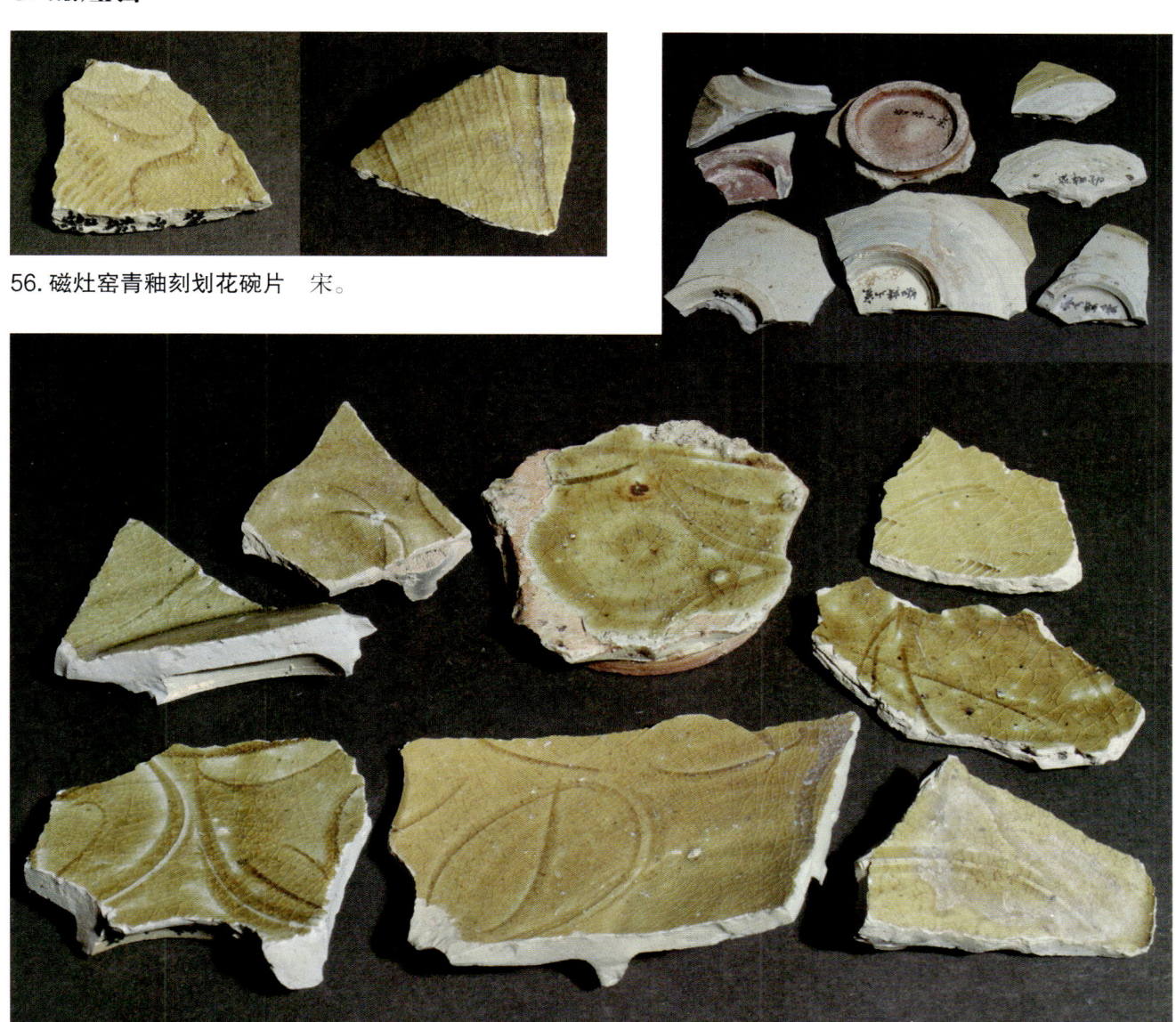

56. 磁灶窑青釉刻划花碗片　宋。

57. 磁灶窑青釉刻划花器物残片　宋。

58. 磁灶窑青釉印花器物残片　宋。

59. 磁灶窑铁锈花器物残片　宋。

60. 磁灶窑青釉刻花盘片 宋。

61 磁灶窑青釉刻印花碗片 宋。

62. 磁灶窑青釉印花碗片 宋。

63. 磁灶窑刻花器物残片 宋。

64. 磁灶窑军持（残） 宋元。（泉州古代外销陶瓷博物馆藏）

65. 磁灶窑瓶 宋元。（泉州古代外销陶瓷博物馆藏）

66. 磁灶窑炉 元。（泉州古代外销陶瓷博物馆藏）

67. 磁灶窑罐 宋元。（泉州古代外销陶瓷博物馆藏）

68. 磁灶窑执壶 宋。（泉州古代外销陶瓷博物馆藏）

69. 磁灶窑瓶 宋。

70. 磁灶窑酱褐釉碗 宋。

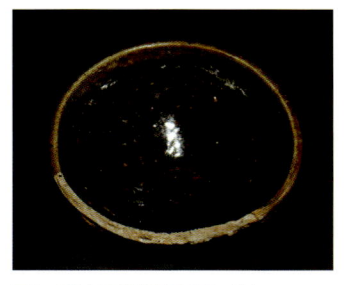

71. 磁灶窑黑釉碗 宋。

72. 磁灶窑青釉碗片 元。

73. 磁灶窑器物残片 宋。

74. 磁灶窑遗址

7. 南坑窑

75. 南坑窑青釉刻划花浅碗 宋，高 4.1cm、口径 14.7cm、足径 3.9cm。内里纹样繁缛、清晰，内底一乳突；外壁刻折扇纹，伞射状。造型美观，做工精细，为南坑窑珠光青瓷精品。

76. 南坑窑青釉刻划花器物残片 宋。

77. 南坑窑青釉刻划花浅碗 宋。

78. 南坑窑青釉刻划花器物残片 宋。

79. 南坑窑青釉刻划花碗 宋。

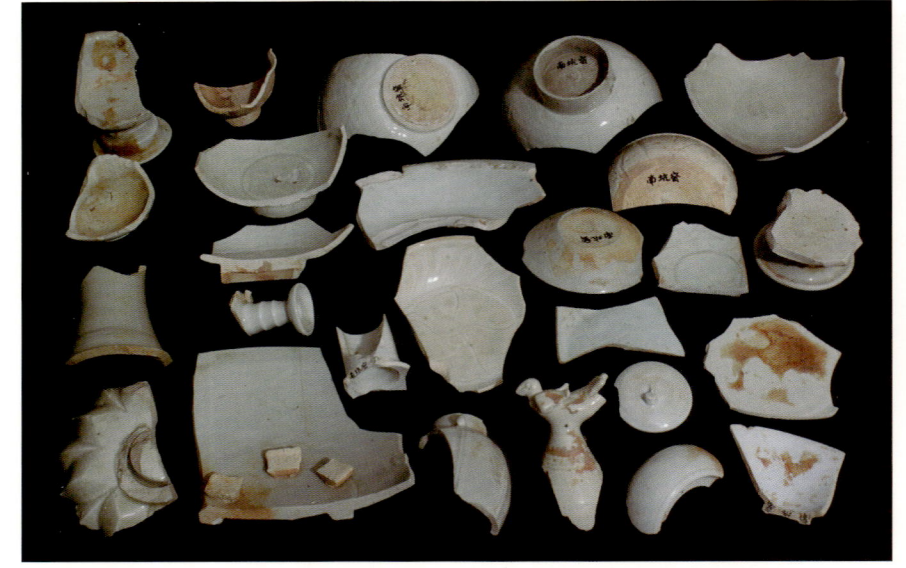

80. 南坑窑其他青白釉、白釉器物残片 宋。

81. 南坑窑其他青釉、青白釉碗 宋。

82. 南坑窑其他青白釉、白釉盒 宋。

83. 南坑窑青白釉大盘 宋，高 6 cm、口径 28.8 cm、足径 10.4 cm。三盘粘连。

84. 南坑窑青白釉杯 宋，左高 5.3 cm、口径 6.4 cm、足径 3.5 cm，右高 5.6 cm、口径 6.8 cm、足径 3.6 cm。

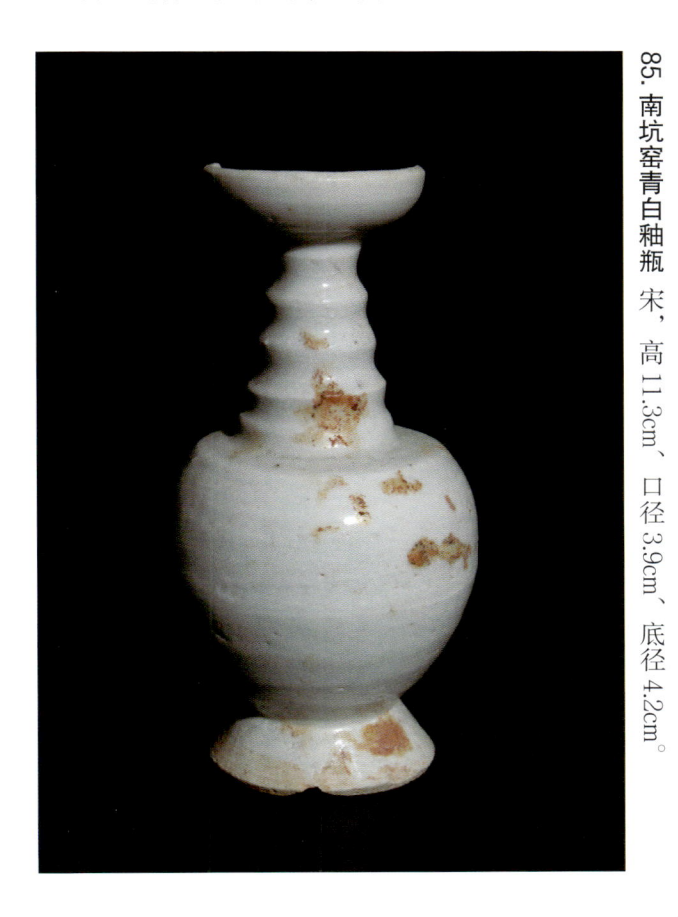

85. 南坑窑青白釉瓶 宋，高 11.3cm、口径 3.9cm、底径 4.2cm。

86. 南坑窑遗址

8. 石壁窑

87. 石壁窑青釉刻划花碗片 宋。

88. 石壁窑青釉刻划花碗片 宋。此组除左上角瓷片为青白瓷外，其余均为珠光青瓷片。

89. 石壁窑青釉、青白釉器物残片 五代至宋。

9. 荆坑窑

90. 荆坑窑青釉刻划花盘残片 宋，高 5.8cm、口径 26cm、足径 8cm。

91. 荆坑窑青釉刻划花器物残片 宋。

92. 荆坑窑青釉刻划花碗残片 宋，高 6.6 cm、口径 17.9 cm、足径 5.7 cm。

93. 荆坑窑青釉、青白釉刻划花器物残片 宋。

94. 荆坑窑青釉瓶片 宋。

95. 荆坑窑青白釉器物残片 宋。

96. 荆坑窑铁锈花碗片 元。

97. 荆坑窑遗址

10. 高塘窑

98. 白扩山窑青釉刻划花器物残片 宋。

99. 平路头窑青釉刻划花吉字款盘片 宋。

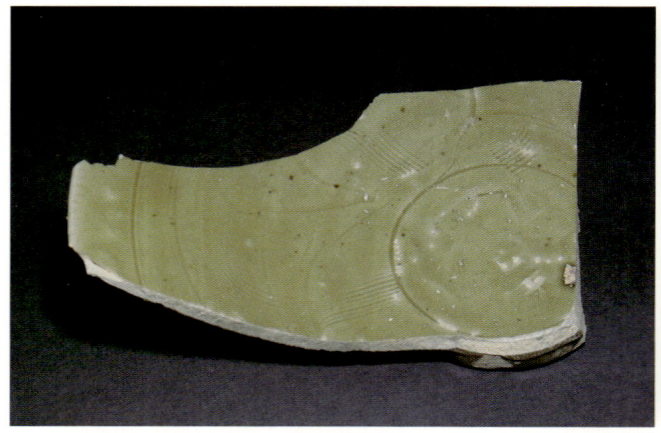

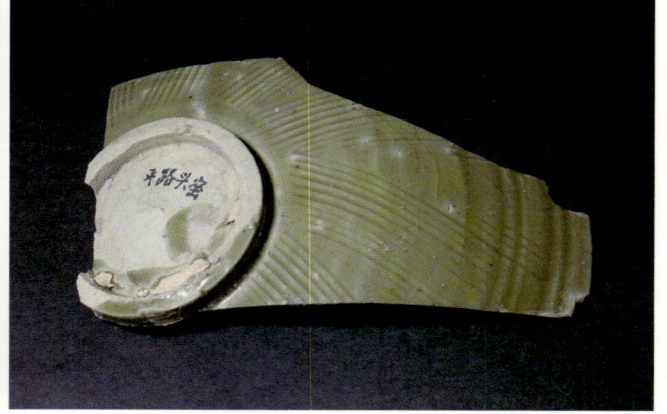

100. 平路头窑青釉刻划花钵 宋，高4.8cm、口径15cm、足径3.9cm。胎细壁薄，制作精巧，釉色为纯正的枇杷黄色，外壁纹饰刻划精美，在珠光青瓷窑中少见。

101. 平路头窑青釉刻划花盘片 宋，高6.1cm、口径25.6cm、足径7.2cm，釉色青黄，少有大开片，玻璃质感不强，外壁刻划成组的线纹。

102. 平路头窑青釉刻划花碗盘残片 宋。

103. 白扩山窑青釉刻划花盘片 宋。

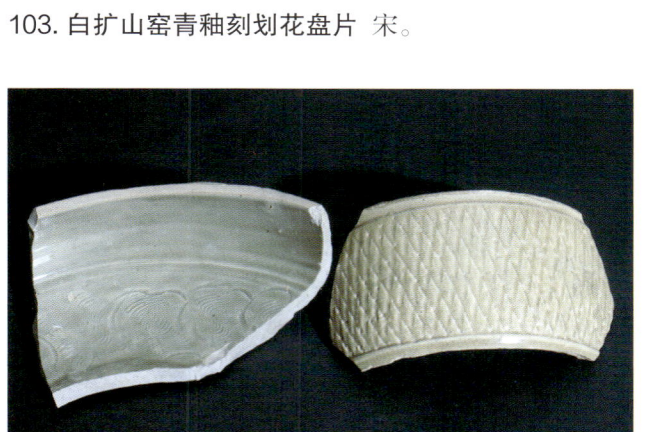

104. 平路头窑青釉刻划花钵残片 宋。

105. 高塘窑遗迹

11. 深辉窑

106. 深辉窑青釉刻划花碗片 宋。

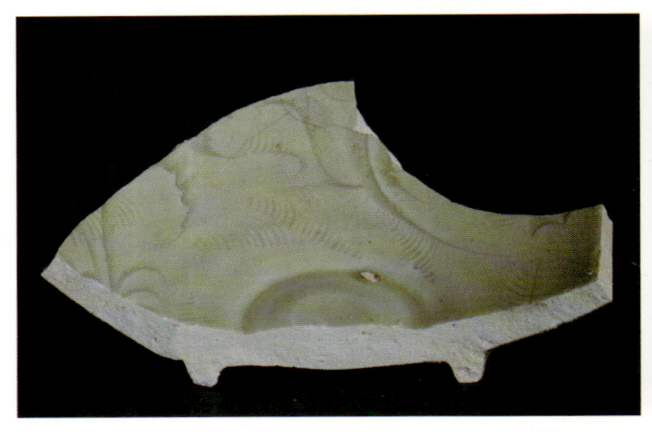

107. 深辉窑青釉刻划花碗片 宋。

108. 深辉窑青釉刻划花碗片 宋。

109. 深辉窑青釉刻划花碗片 宋。

110. 深辉窑其他青釉、青白釉等器物 宋。

111. 深辉窑遗迹 宋，匣钵为漏斗形。

112. 深辉窑遗物堆积层 宋。

12. 玉美窑

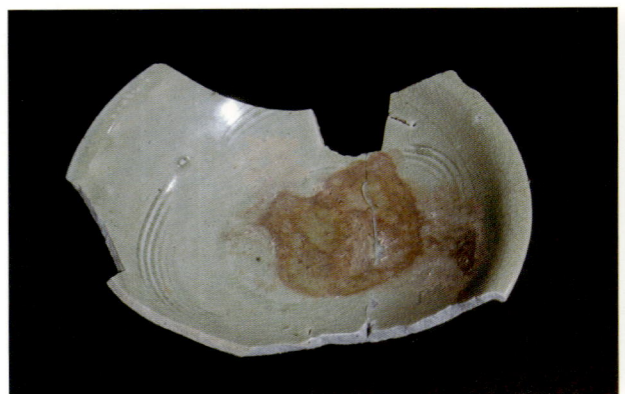

113. 玉美窑青釉刻划花碗片 宋

114. 玉美窑青釉刻划花碗（残） 宋，高5.0cm、口径13.3cm、足4.6cm

115. 玉美窑青釉刻划花碗片 宋，高4.0cm、口径13.6cm、足径5.1cm。

116. 玉美窑其他青釉、青白釉碗片 宋。

117. 玉美窑青釉刻划花碗片 宋。

118. 玉美窑匣钵 宋。

119. 遗址山上遍地窑渣碎瓷片

120. 玉美窑遗址

13. 英山窑

121. 英山窑青釉刻划花斗笠碗 宋，高 4.4 cm，口径 12.9cm，足径 3.8cm。敞口，圆唇，小圈足，形若斗笠。釉色青黄带白，玻璃质，开冰裂纹。口沿下饰两道弦纹，内壁刻划弧形篦纹，内底一乳突，外壁光素无纹。

122. 英山窑青釉刻划花碗 宋，高 6.3cm、口径 16.8cm、足径 5.7cm。

123. 英山窑青釉刻划花碟片 宋，高3.6cm、口径15.0cm、足径5.7cm。

124. 英山窑青釉刻划花碟片 宋，高3.6cm、口径14.8cm、足径5.8cm。

125. 英山窑青釉刻划花碗片 宋，高 7.2cm、口径 18.3cm、足径 5.8cm。

126. 英山窑青釉刻划花洗 宋，高 2.4cm、口径 13.2cm、底径 5.5cm。

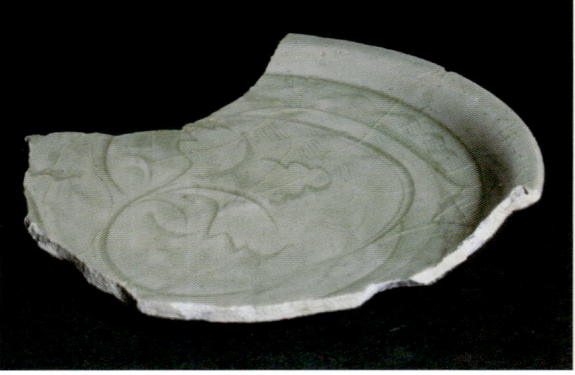

127. 英山窑青釉刻划花器物残片 宋。有的刻有"师"、"祠"。

128. 英山窑刻划花瓶（残） 宋，生烧。

129. 英山窑其他青釉器物 宋。

130. 英山窑其他青釉器物 宋。

14. 赤土窑

131. 赤土窑青釉刻划花碗片 宋。

132. 赤土窑青釉刻划花碗片 宋。

133. 赤土窑青釉刻划花执壶（残） 宋。

134. 赤土窑青釉印花器物残片 宋。

135. 赤土窑其他器物（残）宋。

136. 赤土窑器物底足 宋。

137. 赤土窑印模 宋。

15. 竹树窑

138. 竹树窑青釉刻划花器物残片 宋。（曾凡著《福建陶瓷考古概论》，福建地图出版社，2001年6月第1版）

139. 竹树窑青白釉刻划花碗（盘）片 宋。

140. 竹树窑青釉、青白釉器物残片 宋。

141. 竹树窑青白釉盖 宋。

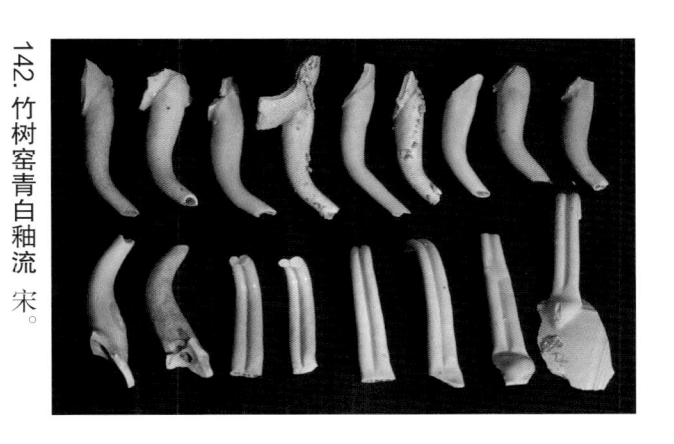

142. 竹树窑青白釉流 宋。

143. 竹树窑青白釉瓶口 宋。

144. 竹树窑青白釉瓶罐残片 宋。

145. 竹树窑青白釉莲花炉残片 宋。

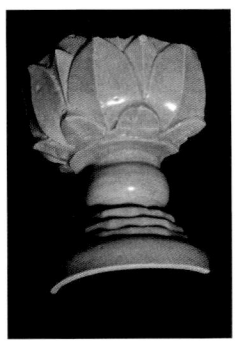

146. 竹树窑青釉刻花碗 宋。

147. 竹树窑青白釉刻划花执壶 宋。

148. 竹树窑青白釉执壶（残） 宋。

149. 竹树窑匣钵 宋。

150. 竹树窑轴顶碗 宋。

151. 竹树窑青釉器物残片 宋。

16. 南山窑

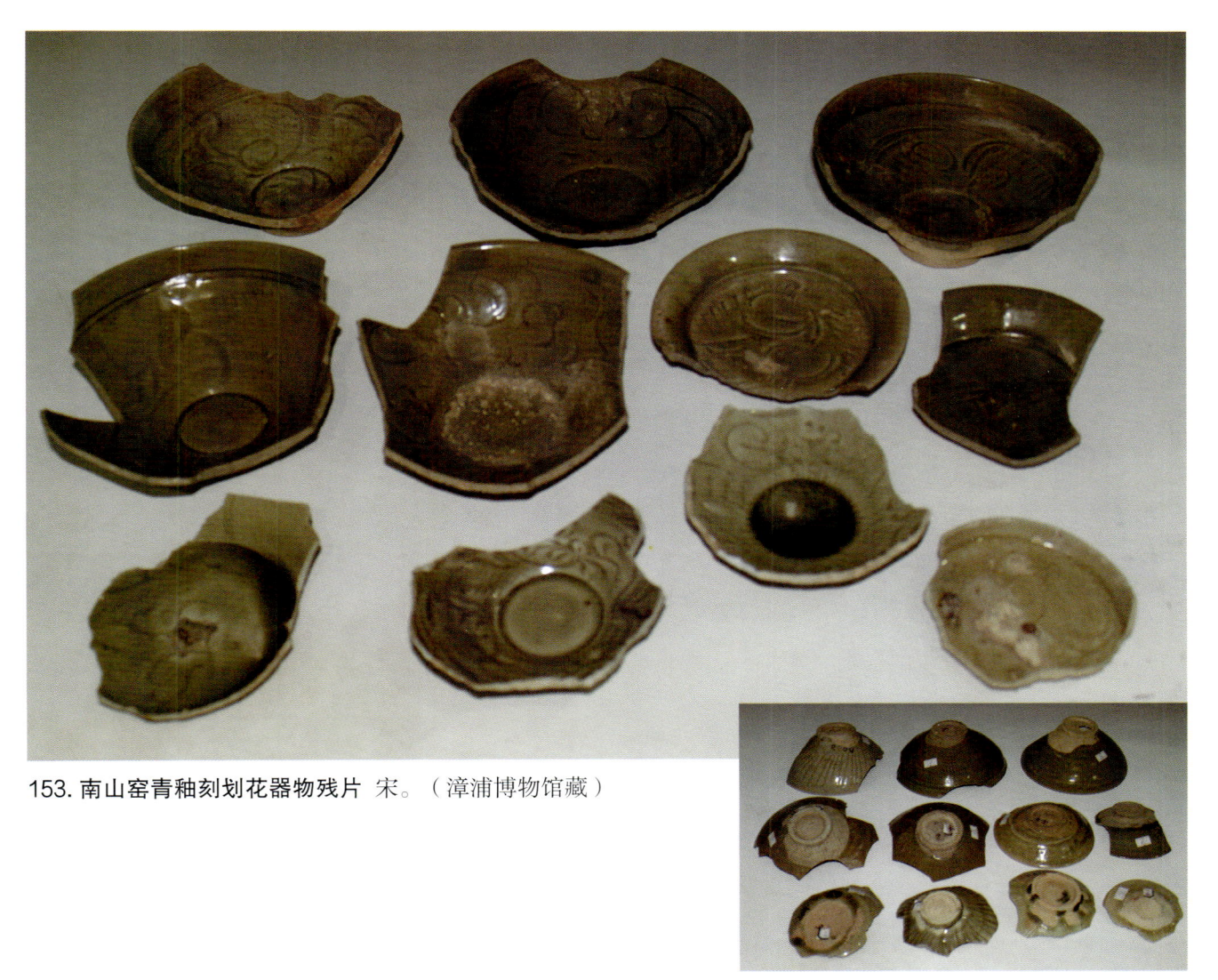

152. 南山窑青釉刻划花碗片 宋。

153. 南山窑青釉刻划花器物残片 宋。（漳浦博物馆藏）

154. 南山窑青釉刻划花器物残片 宋。

155. 南山窑青釉刻划花器物残片 宋。

156. 南山窑其他青瓷、青白瓷残片 宋。

157. 南山窑遗址

17. 仙洞窑

158. 仙洞窑青釉刻划花器物残片和匣钵 宋。（漳浦博物馆藏）

159. 仙洞窑其他青瓷、青白瓷残片 宋。

160. 仙洞窑 M 形匣钵

18. 碗盒山窑

161. 碗盒山窑青白釉碗片 宋。

162. 碗盒山窑址遗迹

163. 碗盒山窑青釉刻划花碗片 宋。

164. 碗盒山窑青釉刻划花碗片 宋。

19. 磁窑

165. 磁窑青釉刻划花执壶（残） 宋，高 19.3 cm、口径 7.5 cm、足径 7.8 cm。

166. 磁窑青釉刻划花碗片 宋。

167. 磁窑青釉刻划花器物残片 宋。

168. 磁窑青釉刻划花碗片 宋，高8cm、口径16cm、足径5cm。

169. 磁窑青釉刻划花碗片 宋，釉面玻璃质。

170. 磁窑匣钵片 宋。

171. 磁窑遗址。

20. 庄边窑

172. **庄边窑青釉刻划花碟** 宋，高2.5cm、口径13.8cm、足径5.5cm。该碟小巧别致，胎质细腻，釉色纯正，釉面温润、光亮、透明，纹饰简洁流畅。

173. 庄边窑青釉刻划花盘（残） 宋，高 4.0cm、口径 16.4cm、足径 5.5cm。

174. 庄边窑青釉刻划花碗（碟、盘） 宋。

175. 庄边窑青釉刻划花器物残片 宋。

176.庄边窑青釉刻划花碗片 宋。内刻"米"字珠光青瓷标志性纹饰。

177.庄边窑青釉刻划花碗片 宋。

178.庄边窑青釉、青白釉、黑釉器物残片 宋元。

179.庄边窑遗址

21. 白马前窑

180. 白马前窑青釉刻划花碗片 宋。

181. 白马前窑其它青釉、青白釉、黑釉碗片 宋。

22. 遇林亭窑

182. 遇林亭窑青釉刻划花碗片 宋。

183. 遇林亭窑其它青釉、青白釉、黑釉碗片 宋。

184. 遇林亭窑青釉刻花碗片 宋。

185. 遇林亭窑址

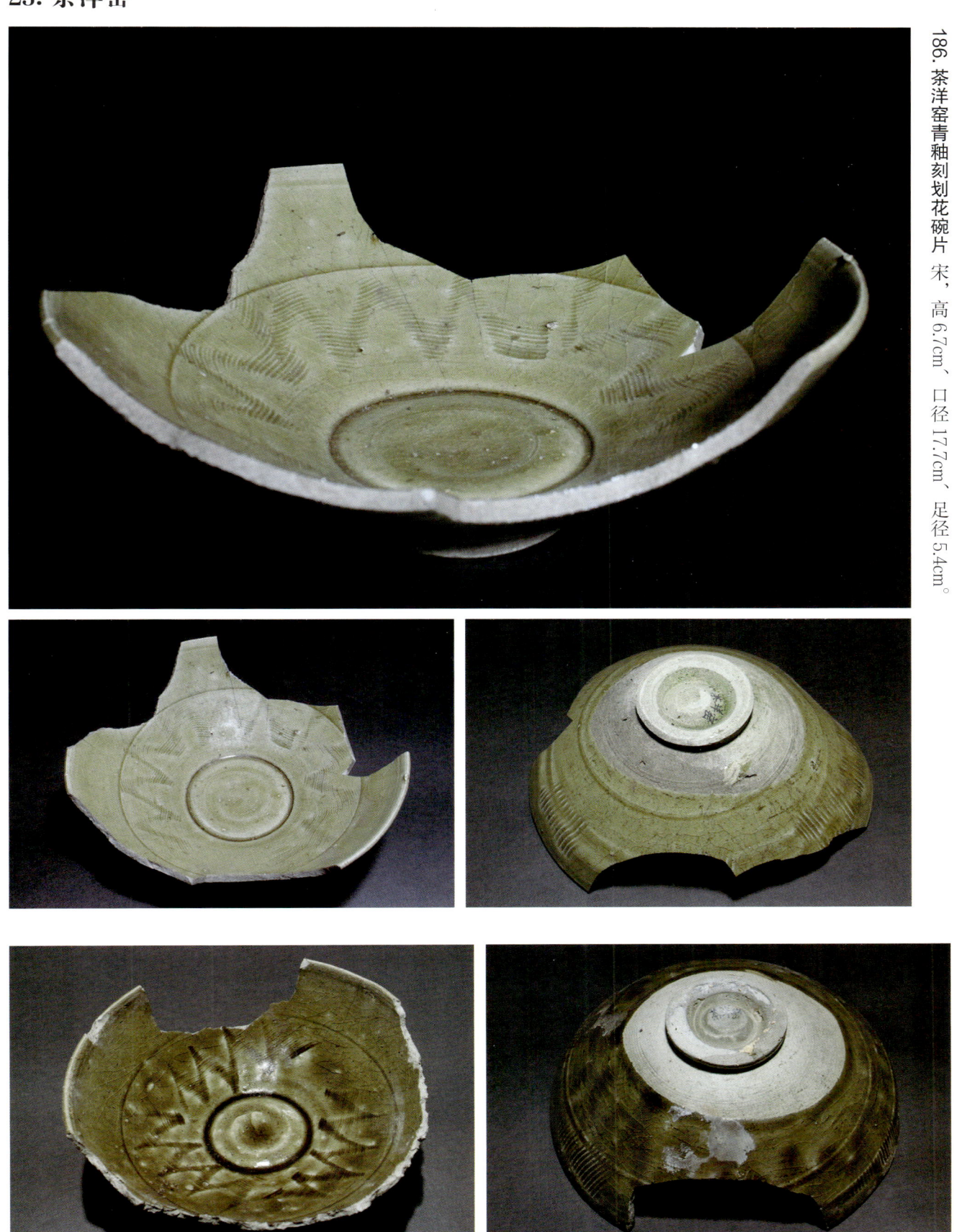

23. 茶洋窑

186. 茶洋窑青釉刻划花碗片 宋，高 6.7cm、口径 17.7cm、足径 5.4cm。

187. 茶洋窑青釉刻划花碗片 宋，高 6.8cm、口径 17.7cm、足径 5.4cm。

188. 茶洋窑青釉刻划花碗（残）宋，高 7.2cm、口径 16.2cm、足径 4.8cm。

189. 茶洋窑青釉刻划花碗（残）宋，高 7cm、口径 17.6cm、足径 6.1cm。

190. 茶洋窑青釉刻划花碗片 宋。

191. 茶洋窑黑釉褐花罐片 宋元。

192. 茶洋窑青釉刻划花盘片 宋。

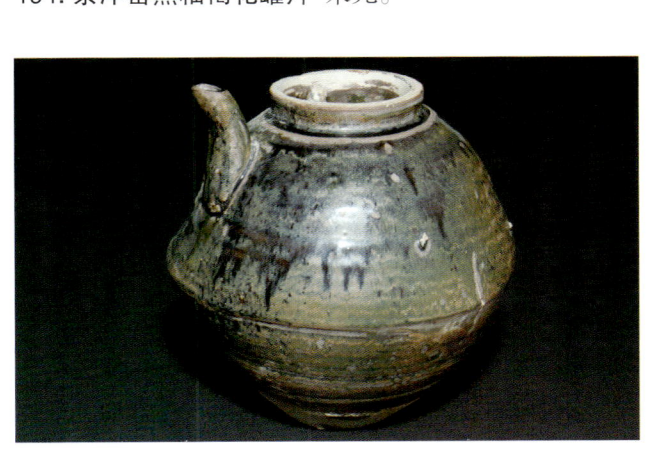

193. 茶洋窑酱釉壶 宋，高 26cm、腹径 25.5cm、口径 17cm、足径 9.5cm。

194. 茶洋窑酱釉黑釉器物残片 宋。

195. 茶洋窑青白釉印花执壶 宋，高 15.5cm、腹径 10.8cm、口径 5.5cm、足径 6.9cm。

196. 茶洋窑青白釉器物残片 宋。

197. 茶洋窑匣钵 宋。

198. 茶洋窑遗址

24. 碗窑背窑

199. 碗窑背窑青黄釉刻划花碗片 宋。

200. 碗窑背窑青釉刻划花碗片 宋。

201. 碗窑背窑青釉刻划花碗 宋。（南平博物馆藏）

202. 碗窑背窑青釉刻划花碗片 宋。内刻"米"字形珠光青瓷标志性纹饰。

203. 碗窑背窑青釉刻花碗片 宋，高6.8 cm，口径7.2 cm，足径5.3 cm。

204. 碗窑背窑青釉刻划花碗片 宋。

205. 碗窑背窑器物 宋。

206. 碗窑背窑遗址 遗物堆积。

25. 九龙窑

207. 九龙窑青釉刻划花浅碗片 宋。釉色纯正，双面刻划，现"米"字形珠光青瓷标志纹饰。

208. 九龙窑青釉刻划花碗片 宋，高 7.5cm、口径 18.0cm、足径 5.3cm。

209. 九龙窑青釉刻划花碗（盘）片 宋。"米"字形荷花纹，珠光青瓷标志纹饰。

210. 九龙窑青釉刻划花碗（盘）片 宋。纹样多种。

211. 九龙窑青釉刻划花碗（盘、碟）片 宋。

212. 九龙窑青釉刻划花碗（盘）片 宋。

213. 九龙窑青釉刻划花浅碗片 宋。

214. 九龙窑青釉刻划花碟 宋，高 3.6cm、口径 14.5cm、足径 5.2cm。

215. 九龙窑青釉刻划花盘（残） 宋，高 5.5cm、口径约 25cm、足径 6.9cm。

216. 九龙窑青釉刻划花碗片 宋，高5cm、口径17cm、足径5.5cm。

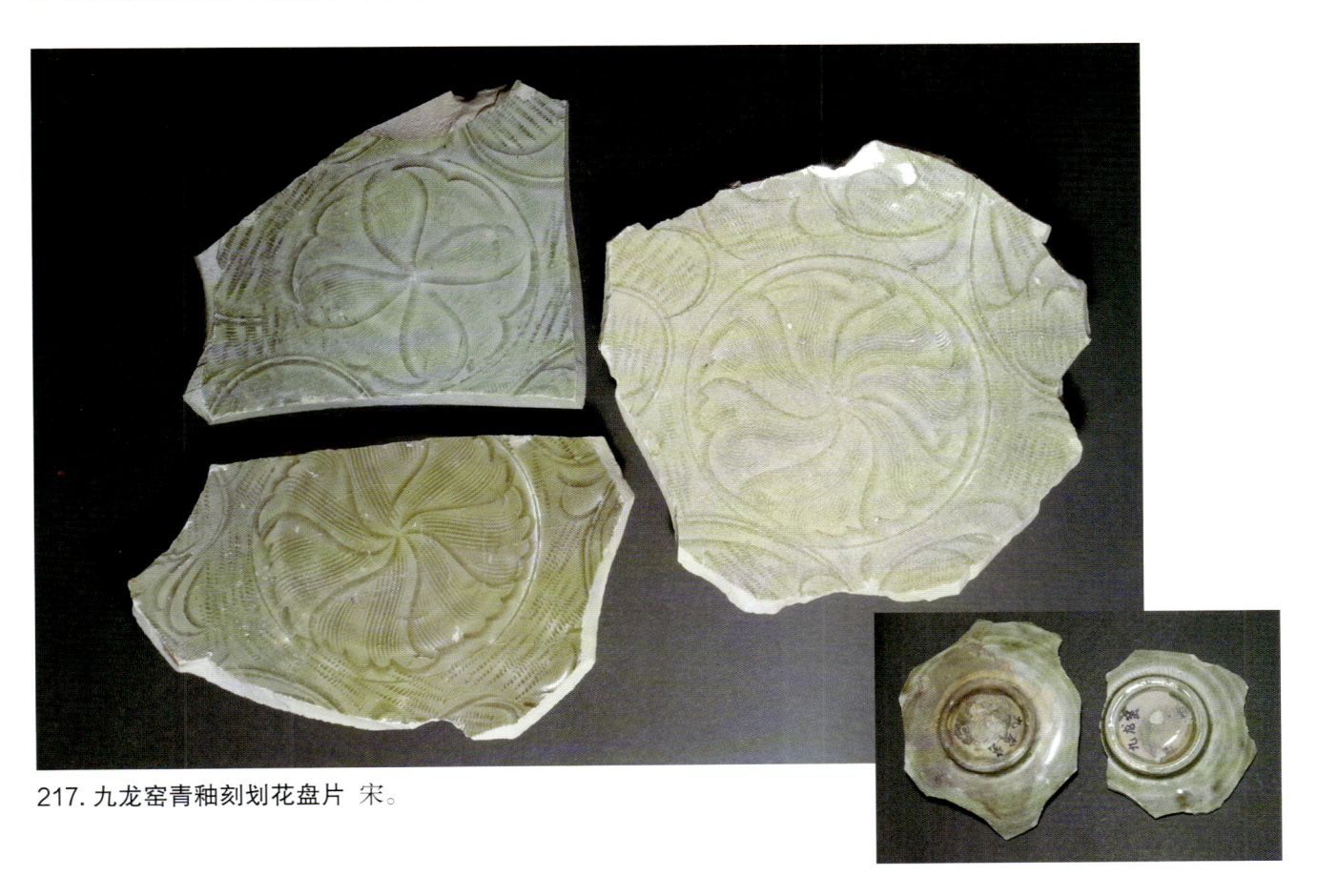

217. 九龙窑青釉刻划花盘片 宋。

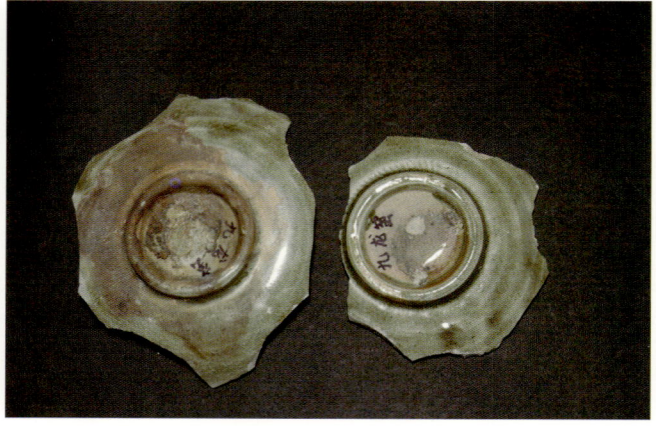

218. 九龙窑青釉刻划花碟片 宋。

219. 九龙窑青釉刻划花盘片 宋。

220. 九龙窑青釉刻划花浅碗（残）宋。

221. 九龙窑青釉刻划花瓶片 宋。

222. 九龙窑青釉刻划花器物残片 宋。

223. 九龙窑青釉刻划印花碗（盘）片 宋。

224. 九龙窑青釉刻划花碗片 宋。器物间以小泥钉垫隔。

225. 九龙窑青釉刻划花器物及残片 宋。

226. 九龙窑青釉刻划花器物残片 宋。（松溪县吴先生、陈先生藏）

227. 九龙窑青釉刻划花执壶（残）宋，高8.5cm、腹径8.5cm、足径4.7cm。

228. 九龙窑青釉刻划花执壶（残）宋，高7.7cm、腹径8.5cm、足径4.7cm。

229. 九龙窑青釉刻划花器物残片 宋。

230. 九龙窑青釉婴戏纹碗（残） 宋。（松溪县博物馆藏）

231. 九龙窑青釉刻划花枕（残） 宋。（松溪县博物馆藏）

232. 九龙窑青釉刻划花执壶（残） 宋，4个执壶4个式样。（松溪县博物馆藏）

233. 九龙窑珠光青瓷以及其它青瓷、黑釉瓷 宋。

234. 九龙窑器物。（当地村民藏）

235. 九龙窑匣钵 宋。

236. 九龙窑遗址

26. 河墩窑

237. 河墩窑青釉刻划花碗片 宋 （泉州古外销瓷标本中心藏）

238. 河墩窑青釉刻划花碗片 宋。

239. 河墩窑青白釉、黑釉、酱釉器物残片等 宋。

240. 先锋窑青白釉、黑釉器物残片 宋。

27. 宦溪窑

241. 宦溪窑青釉刻划花碗片 宋。

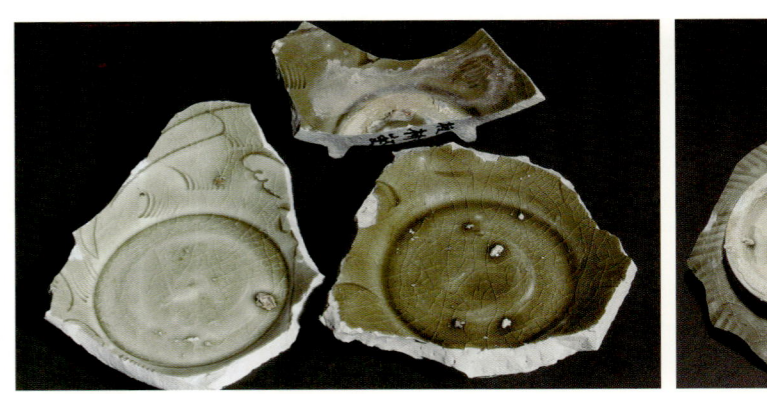

242. 宦溪窑青釉刻划花碗片 宋。

243. 宦溪窑青釉印划花碗片 宋。

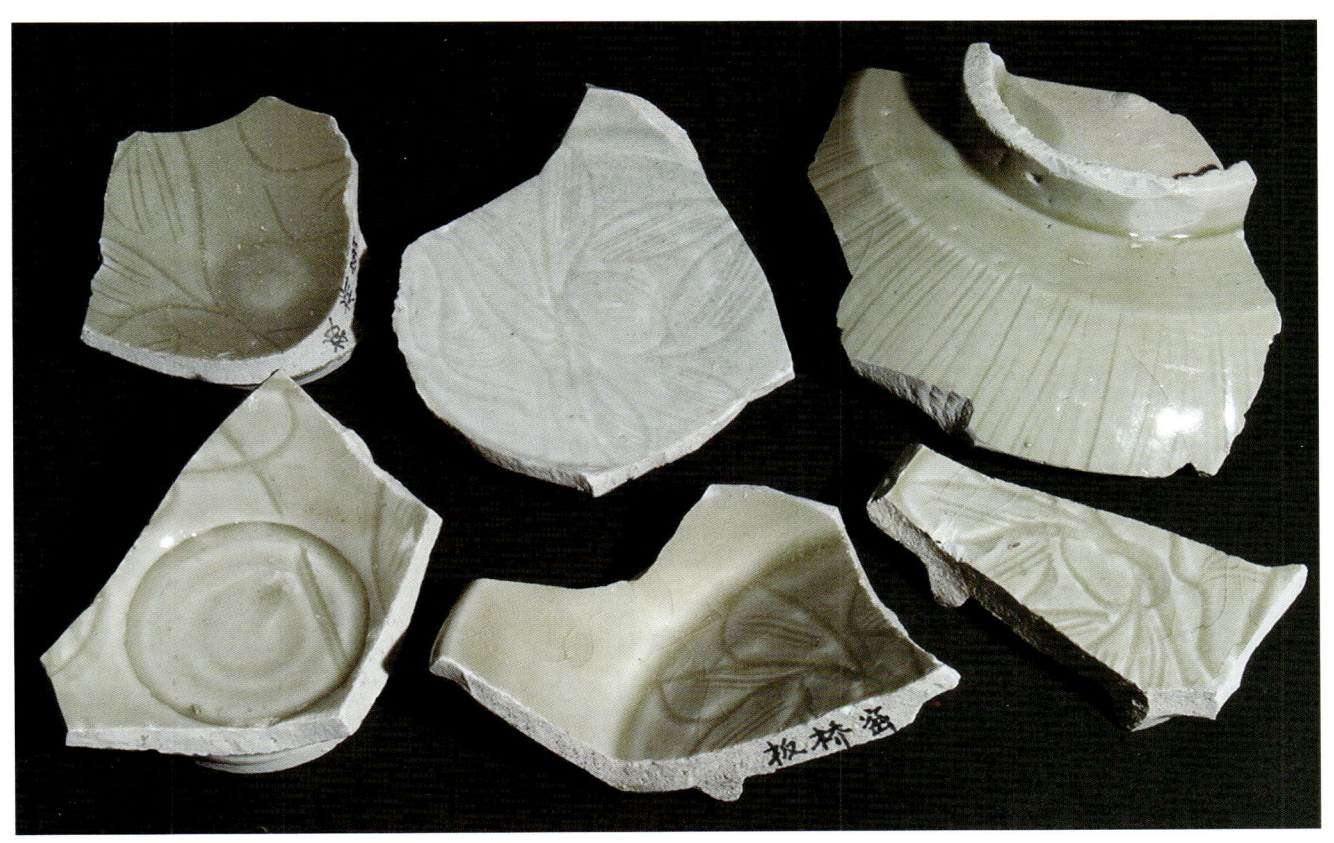

244. 宦溪窑青釉刻划花碗片 宋。

245. 宦溪窑器物残片 宋。

246. 宦溪窑青白釉瓜棱壶（残） 宋。（泉州古外销瓷标本中心藏）

247. 宦溪窑青白釉瓜棱壶（残） 宋。生烧。

248. 宦溪窑器物 宋。左为对底烧，右为对口烧。

249. 宦溪窑遗址 宋。

28. 东张窑

250. 石坑窑青釉刻划花碗（残） 宋，高 8cm、口径 17.6cm、足径 5.7cm.

251. 石坑窑青釉刻花碗（残） 宋，高 5.4cm、口径 12.6cm、足径 4.4cm.

252. 石坑窑青釉刻划花碗片 宋，高 7.4cm、口径 17.4cm、足径 5.7cm.

253. 石坑窑青釉刻划花器物残片 宋。

254. 石坑窑青釉刻划花碗片 宋，现"米"字形珠光青瓷标志性纹饰。

255. 石坑窑青釉刻划花器物残片　宋。

256. 石坑窑青釉刻划花盘片　宋。（福建省考古研究所所存）

257. 石坑窑器物　宋。珠光青瓷与黑釉瓷同烧。

258. 石坑窑器物　宋。黑釉、青白釉、白釉瓷皆有。

259. 岭下窑青釉刻划花碗片 宋。

260. 岭下窑其它青瓷、青白瓷及黑釉瓷残片 宋。

29. 大义窑

261. 大义窑青釉刻划花碗片 宋。

262. 大义窑其他器物残片 宋。

263. 大义窑遗址

30. 浦口窑

264. 浦口窑青釉刻划花碗（碟）片 宋。

265. 浦口窑青釉刻划花碗（碟）片 宋。（福建省考古研究所存）

266. 浦口窑其他青瓷、青白瓷残片 宋。

267. 浦口窑其他青瓷、青白瓷残片 宋。

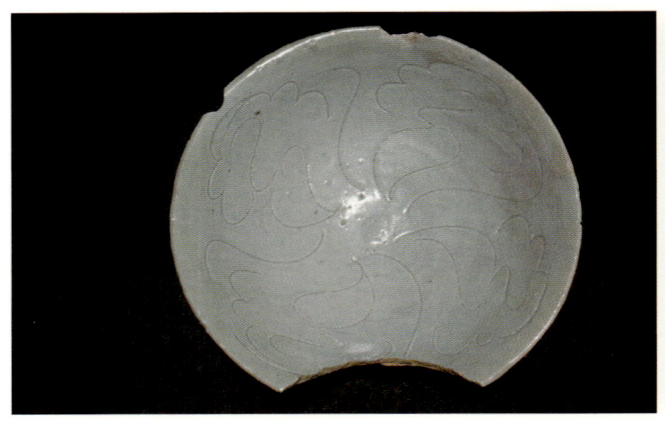

268. 浦口窑青白釉浅碗（残） 宋。浦口窑大部分产品为粗品，但也不乏有精细产品，此碗便是其中一例。

269. 浦口窑漏斗型匣钵

270. 浦口窑所在地

31. 八井窑

271. 八井窑遗迹 宋。

272. 八井窑上临水库

273. 八井窑青釉刻划花碗片　宋。

274. 八井窑其他青釉、青白釉器物残片　宋。

32. 飞鸾窑

275. 飞鸾窑青釉刻划花碗片 宋，高 6.8cm、口径 17.2cm、足径 5.6cm。

276. 飞鸾窑青釉刻划花碗片 宋。

33. 半岭窑

277. 半岭窑青釉刻划花碗片　宋。

278. 半岭窑遗迹

279. 半岭窑其他器物残片　宋。

34. 下楼窑

280. 下楼窑青釉刻划花器物残片 宋。

281. 下楼窑青釉刻划花盘片 宋，现珠光青瓷标志性"米"字形荷花纹。

282. 下楼窑其他青釉器物残片 宋。

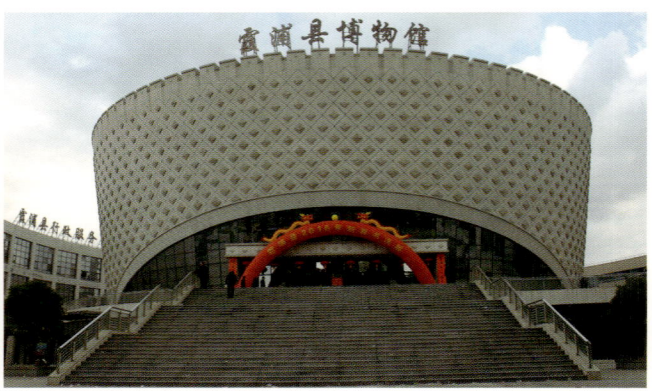

283. 霞浦博物馆

35. 首洋窑

284. 首洋窑青釉刻划花碗片　宋。

285. 首洋窑遗址

286. 首洋窑其他青釉、青白釉器物残片　宋。

36. 碗窑

287. 碗窑青釉刻划花碗 宋，高 6.5cm、口径 15.3cm、足径 5.5cm。釉色纯正，内壁纤细刻划花，外壁满刻划折扇纹，均匀分布；制作规整，造型别致，是珠光青瓷窑中难得的精品。

288. 碗窑青釉刻划花碗 宋，左碗单线条排列，或长或短均匀分布；右碗分组排列。外壁均刻划线纹。

289. 碗窑青釉刻划花碗片 宋。

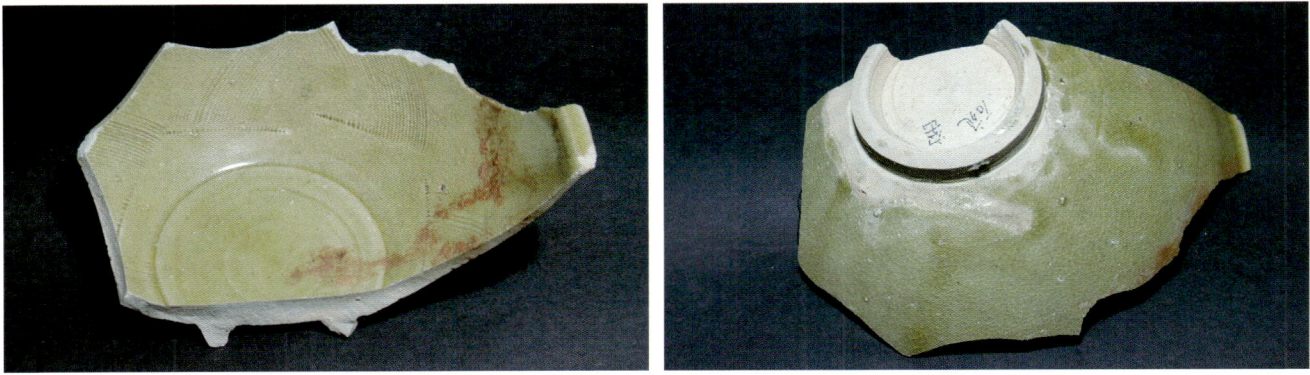

290. 碗窑青釉刻划花碗片 宋，高 6.6cm、口径 17.0cm、足径 5.4cm。

291. 碗窑青釉刻划花碟　宋，高 3.5cm、口径 13.5cm、足径 4.2cm。两碟规格基本一致。　　292. 匣钵片

293. 碗窑青釉刻划花碗　宋。（江山博物馆藏） 　　294. 碗窑其他青釉、青白釉、酱釉、黑釉碗片　宋。

295. 江山博物馆　内藏丰富。 　　296. 碗窑遗址陈列馆　座落于窑址。

37. 两弓塘窑

297. 两弓塘窑青釉刻划花碗（残） 元，高 8cm、口径 18.5cm、足径 8cm。

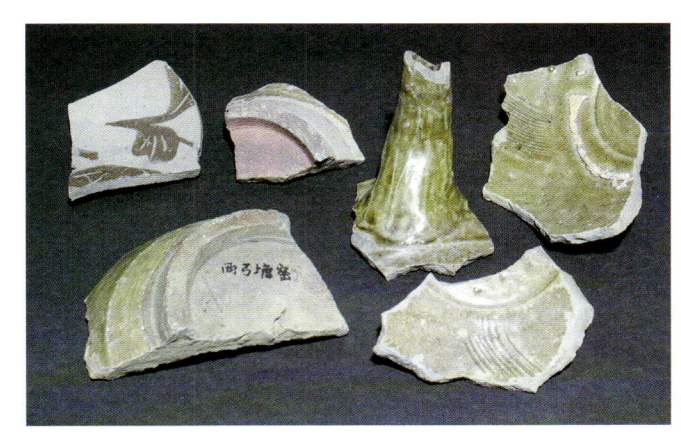

298. 两弓塘窑器物残片 宋。

299. 窑址所在地全旺镇官塘村

38. 厚大窑

300. 厚大窑青釉刻划花碗片 宋。

301. 厚大窑器物 宋，从中看出叠烧2层。

302. 厚大窑遗址

39. 抱弄口窑

303. 抱弄口窑青釉刻划花碗片 宋。"米"字形标志性荷花纹。

304. 抱弄口窑青釉刻划花碗片　宋。

305. 抱弄口窑青釉刻划花碗片　宋。内底刻划珠光青瓷常见的团菊纹。

306. 抱弄口窑青釉刻划花碗（残） 宋，高 5cm、口径 14.9cm、足径 5.0cm 左右。

307. 抱弄口窑青釉、黑釉器物残片 宋。

308. 抱弄口窑遗址

40. 瑶坛窑

309. 瑶坛窑青釉刻划花碗片 宋，高 6.9cm、口径 16.9cm、足径 5.6cm。口沿外折。

310. 瑶坛窑青釉刻划花碗片 宋。内里刻划，外无纹饰。

311. 瑶坛窑其他青釉器物残片 宋。

312. 瑶坛窑遗址

313. 瑶坛窑遗址碑

41. 碗窑山窑

314. 碗窑山窑青釉刻划花碗片 宋。

315. 碗窑山窑青釉刻划花碗片 宋元，高 8.0cm、口径 17.0cm、足径 5.5cm。

316. 碗窑山窑其他青釉器物残片 宋，素面。

317. 碗窑山窑遗址

42. 瑶岙窑

318. 瑶岙窑青釉刻划花碗片 宋。

319. 瑶岙窑青白釉、酱釉瓷残片 宋。

320. 瑶岙窑遗址边寺庙

43. 小心垾窑

321. 小心垾窑青釉刻划花碗片 宋。

322. 小心垾窑器物 宋，碗片粘连一起表明叠烧。

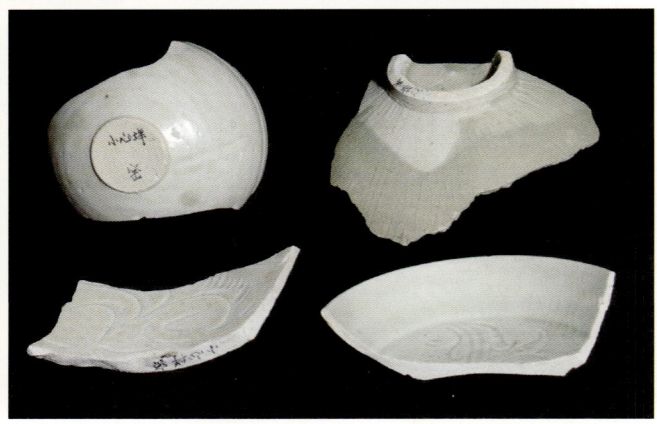

323. 小心垾窑青白釉碗片 宋。胎细白，制作精良。

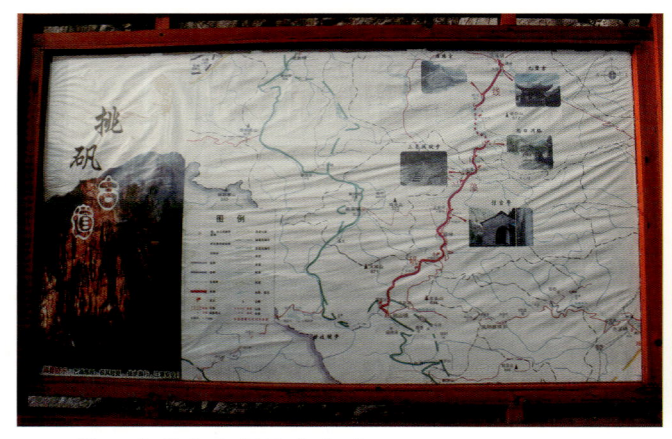

324. 挑矾古道也应是挑瓷古道

325. 水库为小心垾村去镇里的必经之道

326. 小心垟窑其他青釉、青白釉器物残片 宋。

44. 大心垟窑

327. 大心垟窑青釉刻划花碗片 宋。

328. 大心垟窑青釉刻划花碗片 宋，高 6.8cm、口径 15.8cm、足径 6.2cm。

329. 大心垟窑其他青釉、酱釉器物残片 元。

330. 大心垟窑遗址

45. 玉塔窑

331. 玉塔窑青釉刻划花碗（残）　宋，高 6.2cm、口径 16.9cm、足径 6.5cm，敞口，圆唇，灰白胎。

332. 玉塔窑青釉刻划花碟片　宋，高 3.7cm、口径 19cm、足径 6cm。

333. 玉塔窑青釉刻划花器物残片 宋。

334. 玉塔窑青釉刻划花碗片 宋。

335. 玉塔窑青釉刻划花浅碗片 宋。

336. 玉塔窑青釉刻划花碗片 宋，纹样精美。

337. 玉塔窑青釉碗片 宋。

338. 玉塔窑遗址

46. 金村窑

339. 金村窑青釉刻划花碗片 宋。

340. 金村窑青釉刻划花碗片 宋。

341. 金村窑青釉刻划花斗笠碗片 宋，高 4.3cm、口径 14.2cm、足径 3.9cm。

342. 金村窑青釉刻划花钵片 宋，高 7.5cm、口径 16.2cm、底径 4.4cm。此器形少有。

343. 金村窑青釉刻划花盘片 宋，高 5.3cm、口径 29.8cm、足径 7.5cm。

344. 金村窑青釉刻划花盘片 宋。

345. 金村窑青釉刻划花盘片 宋。

346. 金村窑青釉刻划花碟片 宋。

347. 金村窑青釉刻划花碟片 宋。

348. 金村窑青釉刻划花碟片 宋。

349. 金村窑青釉刻划花器物残片 宋。

350. 金村窑青釉刻划花器物残片 宋。

351. 金村窑青釉刻划花碗片 宋。

352. 金村窑青釉器物残片 宋。

353. 金村窑青釉划花碟（残） 宋。

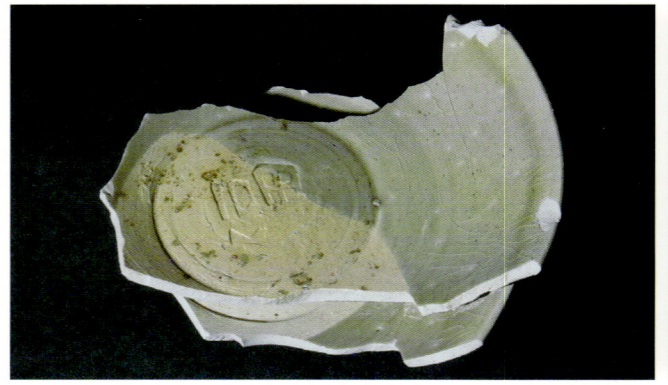

354. 金村窑青釉碗片 元，底部印有"福"字。

355. 金村窑青釉碗片 元，底部印有"福"字，外壁素面无纹，釉色为"龙泉色"。

356. 金村窑器物残片 宋早期。

357. 金村窑青釉碗片 宋，底部印有"河滨遗范"、"金玉满堂"文字。

358. 金村窑匣钵 宋。

359. 金村窑遗址

47. 大窑

360. 大窑青釉刻划花碗片 宋。

361. 大窑青釉刻划花碗片 宋。

362. 大窑青釉器物残片 宋。

363. 大窑青釉刻划花器物残片 宋。

364. 大窑其他青釉器物残片 宋。

365. 大窑其他青釉器物残片 宋，现多种釉色。（中间小片为北宋早期金村窑青釉划花瓶残片）

366. 大窑青釉刻划花碗片 宋，遗址现场拍。

367. 龙泉窑青釉刻划花盒 宋。（上海博物馆藏）

368. 大窑青釉碗片 宋，现泥质垫饼和瓷质垫饼。

369. 大窑遗址

48. 山头窑

370. 山头窑青釉刻划花盘（残） 宋。（浙江省文物考古研究所编《龙泉东区窑址发掘报告》，文物出版社，2005 年 6 月第一版）

371. 山头窑青釉刻划花器物残片 宋。

372. 山头窑青釉刻划花器物残片 宋。   **373.** 山头窑遗址

49. 大白岸窑

374. 大白岸窑青釉刻划花碗片 宋。（以上3标本为大白岸窑址群金钟湾22号窑出土，见浙江省文物考古研究所编《龙泉东区窑址发掘报告》，文物出版社，2005年6月第一版）

375. 大白岸窑青釉、青白釉器物残片 宋元。

376. 大白岸窑遗址

50. 笔架山窑

377. 笔架山窑青釉刻划花碗（残） 宋，高 8.4cm、口径 18.05cm、足径 5.6cm。（潮州博物馆藏）

378. 笔架山窑青釉刻划花碗片 宋。（颐陶轩潮州窑博物馆藏）

379. 笔架山窑青白釉器物残片 宋。

380. 笔架山窑其他器物残片 宋元。

381. 笔架山窑酱釉、黑釉器物残片 宋。

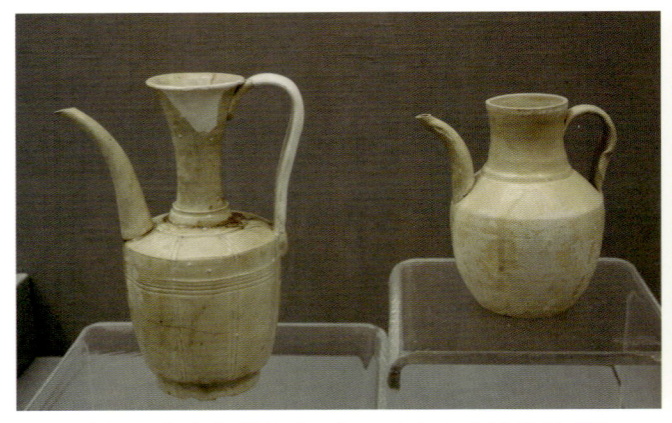

382. 笔架山窑青白釉执壶 宋。（广东省博物馆藏）

383. 笔架山窑遗址

附 录

相关窑口调查及图录

384. 碗窑青白釉刻划花碗片 宋。

385. 碗窑青白釉碗（盘）片 宋。

1. 碗窑 位于福建省厦门市集美区后溪镇碗窑村碗窑山。宋代。遗迹分布在村东、村北两面的几个山头上，面积1万多平方米。主要烧制青白瓷。胎质坚硬细腻，胎色灰白或白。釉色灰白、黄白。釉面有的光亮、透明、开片，有的不透明、不开片。出土器物以碗类居多，器表多素面无纹，少数饰弦纹，有的器内以篦划形成水波纹，内底心刻划涡纹。器外施釉不到底，多露胎。匣钵为漏斗形。此外，向东一百多米另有一处叫垄仔尾窑，属碗窑一部分，面积也在1万平方米之上，与碗窑产品类同，基本为青白瓷。碗窑与汀溪窑很多产品相似。《中国古陶瓷图典》记厦门垄仔尾窑有产珠光青瓷，但在窑址从未见到，有待继续探讨。

386. 碗窑青白釉唇口碗 宋，高5.8cm、口径16.1cm、足径6.8cm

387. 碗窑青白釉高足碗片 宋，高6.5cm、口径12cm、足径4.2cm，足壁高1.8cm。

388. 碗窑其他器物及漏斗形匣钵 宋。　　　　　　　　　　　　　　389. 碗窑遗址

2. 东门窑

位于福建省泉州市东门外城东街道碗窑村和后路村。两村中间夹一小溪，流入后渚港毗连的浔美港，古代海水涨潮可至此地。遗迹分布于溪两侧，当地人把溪南的碗窑称作南窑，溪北的后路窑称作北窑，两处面积合计 2 万多平方米。器形种类有碗、盘、洗、碟、杯、罐、钵、执壶、瓶、炉、盒等。胎色灰白或青灰，釉色有青、青白、白三种。南窑主烧青灰釉瓷，器物间以内底刮釉叠烧；北窑青白瓷、白瓷、青灰釉瓷皆有，以青白瓷居多，下下器物间以支圈间隔覆烧。装饰方法以刻划和模印并行，纹饰题材以莲瓣纹为主，还有缠枝牡丹、菊瓣、卷草、篦纹等。南窑产品几无纹饰；北窑纹饰也不多见，有的虽饰篦纹，但非珠光青瓷，而是青白瓷。

390. 后路窑青釉、青白釉器物残片 宋。

391. 后路窑青白釉盘片 宋。

392. 碗窑焙烧器物多置于垫柱之上叠放裸烧　　393. 窑址珠光青瓷残片　　394. 东门窑址

3. 东田窑 位于福建省南安市东田乡东田村后垄山，西溪支流兰溪中游北岸。共三座窑，遗址面积约1.2万平方米。以烧青白瓷为主。器形有碗、炉、洗、碟、器盖、钵等，碗类居多，其胎坚致。少数有纹饰，技法以刻划花为主，饰莲瓣、草叶纹，篦纹、弦纹等。汤井窑位于南安市东田乡汤井村。

395. 东田窑青白釉器物残片 宋。

4. 蓝溪窑 位于福建省南安市东田乡蓝溪村大垄内寮仔山北面山坡。年代宋元。遗址面积约4000平方米。主烧青白瓷、白瓷。器形有碗、罐、壶、器盖等，饰莲瓣、草叶、线纹、弦纹、篦纹等。胎质洁白细腻，烧结度很高。遗址保护较好。该窑未发现珠光青瓷。

396. 蓝溪窑青白釉器物残片　宋。

397. 蓝溪窑匣钵　宋。　　398. 蓝溪窑遗址

5. 岐山窑 位于福建省南安市东田镇岐山村。年代宋元。遗址分苦长坡、宫坡埔、西崎、碗蒋坑、东洋等6处，面积约1.5万平方米，器形种类以碗、洗为主，施青白釉，饰莲纹、草叶纹、篦纹、线纹等。该窑未发现珠光青瓷。

399. 岐山窑青白釉器物残片 宋。　　400. 垫柱垫圈　　401. 岐山窑遗址

6. 桂瑶窑　位于福建省安溪县龙门镇桂瑶村。亦称龟窑。年代北宋至元。窑址分布在村溪两侧的水尾林、大崛、咽喉仑、隘仔寨、新窑、碗后等6处。产品有碗、盏、壶、杯、炉、灯盏、罐等，以碗、盏为主。胎色灰白，质地细腻，叩之声脆，烧结度高。多数施釉不及底，釉面不透亮。釉色有青黄、青白、青灰三种。纹饰比较少见，有些青白瓷刻划草叶纹间辅篦纹，与珠光青瓷有的纹样相同，但不是珠光青瓷。汀溪窑常见的青灰釉板沿双鱼洗、青灰釉小唇口碗在桂瑶也多见。漏斗形匣钵正置仰烧。《中国古陶瓷图典》（文物出版社1998年版）记安溪窑有生产珠光青瓷。对此笔者随叶文程老师专程前往叶清林老师住所拜访，叶清林老师是安溪博物馆老馆长，已九十高龄，能清醒的以字表达："龟井明德认为有少量珠光青瓷"。但笔者已五次前往考察，未曾发现珠光青瓷踪影，有待继续探讨。

402. 桂瑶窑青白釉刻划花碟片 宋。

403. 桂瑶窑青白釉器物残片 宋。

404. 桂瑶窑青白釉花口碟 宋，高 2.4cm、口径 12.7cm、底径 4.8cm。

405. 桂瑶窑青白釉执壶 宋，高 16.5cm、口径 9.6cm、足径 8.6cm。   406. 桂瑶窑青白釉碗 宋。

407. 桂瑶窑青白釉碟片 宋。

408. 桂瑶窑匣钵垫饼 宋。

409. 桂瑶窑匣钵及器物 宋。

410. 桂瑶窑遗址所在村庄

7. 魁斗窑 位于福建省安溪县魁斗镇魁斗村。宋代。遗迹分布垵园仑、乌尾畲、墓丛园、东水坑、草北、大垵、内坂、陈埕尾、扫尾仑、内墘墓口、脚墘垵、瓦窑等12处，面积约16万平方米。器形有碗、盘、盒、洗、壶、军持、瓶、罐等，以烧制青白瓷为主，兼烧青瓷。作者在垵园仑、乌尾畲两地找到标本，其胎骨白或灰白，釉色青白，有的近乎白瓷。多数素面，也有刻花、划花、印花等装饰。该窑未发现珠光青瓷。

411. 魁斗窑青白釉器物残片 宋元。

412. 魁斗窑遗址

8. 三村窑 位于福建省安溪县长坑乡三村。宋代。遗迹主要分布圆心仑、庵后头等处，面积约5000平方米。均属青白瓷。器形有碗、盏、盒、杯、瓶、洗、罐、玩具、碾磨器等。胎色灰白，釉色以青白为主，有些已接近白瓷；纹饰素面为多，少数有划花。该窑未发现珠光青瓷。

413. 三村窑青白釉碗片 宋。

414. 三村窑遗址

9. 碗坪仑窑 位于福建省德化县城西部盖德乡盖德村，遗物面积约5000平方米，是德化宋时期代表性窑口。主要生产青白瓷、白瓷及少量酱釉瓷。北宋器物有碗、盘、粉盒等，造型精巧，圈足宽矮，修削规整，胎质细腻，烧结度高。釉色莹润，白里泛青。装饰方法以刻花、划花、印花为主。纹饰以莲荷、牡丹、云水、蕉叶和缠枝花为主，兼以箆纹。南宋除碗、盘、钵、罐、壶等日用瓷外，还生产大量造型美观，形式多样的荷口花瓶和军持。此时器物形式变化多样，造型端庄，釉色青里闪灰，透明如镜。匣钵多用漏斗型或平底型，后期因叠烧，匣钵总体用量较少。该窑虽有大量刻划花、箆纹装饰，但其胎色白，釉色青白，与珠光青瓷是截然不同的两种瓷。

415. 碗坪仑窑青白釉、白釉器物残片 宋。

416. 碗坪仑窑青白釉、白釉器物残片 宋。

417. 碗坪仑窑青白釉印花盒盖 宋。

418. 碗坪仑窑白釉刻划花盘 宋。

419. 碗坪仑窑青白釉印花瓶片 宋。 420. 碗坪仑窑青白釉弦纹贴塑瓶片 宋。 421. 碗坪仑窑垫具 宋。

422. 碗洋坑窑器物残片 宋。

9-2. 碗洋坑窑与碗坪仑窑相距不远，产品多相同，以青白瓷为主，也有酱釉瓷，另外还大量生产涩圈叠烧的碗，釉色偏灰，造型不美，是比较普通的窑口。

423. 碗洋坑窑匣钵片 宋。

10. 屈斗宫窑 位于福建省德化县浔中乡宝美村破寨山。年代宋元。总面积约6000平方米。器物种类有碗、盘、碟、壶、罐、瓶、洗、盅、盒、高足杯等10余种。其胎质洁白、润泽、玉质感很强；釉色一种为青白釉，厚釉处略显湖绿色；另一种为白釉，即白胎施无色透明釉。装饰方法有印花、划花、浮雕等。纹饰有莲花、梅花、葵花、菊花、牡丹、云纹和人物纹，尤其盒盖上的图案花纹更为丰富多采。篦纹也有出现，为纤细划花。铭文有"福"、"寿"、"金玉满堂"、"口船口长"等字样。匣钵采用漏斗形，其内底有的已预留环状支撑，装匣时无需再用支垫。该窑相较碗坪仑窑晚。

424. 屈斗宫窑器物残片 宋元。

425. 屈斗宫窑器物残片 宋元。

426. 屈斗宫窑器物残片 宋元。

427. 屈斗宫窑垫柱 元。

428. 屈斗宫窑遗址

11. 罗宛井窑 位于福建省漳浦县沙西乡北旗村罗宛井。宋代。遗迹分布在公路两侧，长约 800 米、宽约 100 米，共约 8 万平方米。主烧青白瓷，有碗、盘、盏、杯、壶、罐等，刻花卷草、莲瓣纹、云纹、鹿纹等，纹饰多样。采用漏斗形和桶形匣钵。笔者多次前往调查仅见类似珠光青瓷残片，另曾凡著《福建陶瓷考古概论》第 32 页图 2-3 标本也有类似，但本书认为应属青白瓷并非珠光青瓷。

429. 罗宛井窑青白釉刻划花鹿纹盘片　宋。

430. 罗宛井窑青白釉刻划花碗片　宋。

431. 罗宛井窑青白釉刻划花碗片 宋。

432. 罗宛井窑青白釉刻划花碗片 宋。

433. 罗宛井窑青白釉刻划花碗片 宋。

434. 罗宛井窑青白釉碗片 宋。

435. 罗宛井窑遗址

12. 石步溪窑

位于福建省漳浦县南山华侨茶果场石步溪村西。南宋至元。分布面积约3000平方米，主要烧制碗、盘等器物，以青白瓷为主。相传古时有窑99座，但从遗迹规模看，即使加上不远处的南山窑，总规模也没那么大。匣钵多采用漏斗形。该窑未发现有烧制珠光青瓷。

436. 石步溪窑青白釉刻划花碗片 宋。

437. 石步溪窑青白釉器物残片 宋。

438. 石步溪窑匣钵 宋。

13. 美林窑

位于漳浦县南浦乡美林村西北碗窑坑。南宋至元。器物主要有碗、盘、碟。规模不大，标本所见不多。河边建造了小型发电设施，山上杂草丛生，虽两次前往调查，均未见瓷片标本。

439. 美林窑青釉器物残片 元。（漳浦博物馆存）

14. 石寨窑

位于漳浦县石榴乡山城村石寨小溪边。元。遗迹分布范围约1500平方米，主要器物有碗、碟等。素面无纹饰，釉色青绿、青黄，釉面厚，玻璃质，为龙泉窑系。M形匣钵装烧。

440. 石寨窑青釉器物残片 元。

15. 水头窑
位于福建省云霄县火田镇水头村田头前窑山。宋元。遗迹分布于三个山头的坡地，面积约2万平方米。以青白瓷为主，少量青瓷。器形多见碗、盘、碟、罐、执壶、器盖等。胎质有粗有细，制作较为精良；以刻划为主、也有印花，比较精美。以漏斗形匣钵装烧。没有发现真正意义上的珠光青瓷。

441. 水头窑青白釉器物残片 宋。

442. 水头窑青白釉刻划花碗片 宋。

443. 水头窑遗址

16. 肥窑 位于福建省诏安县深桥镇双港村肥窑自然村东南山坡上。方言读瓷为"肥"，面积约 1.2 万平方米。宋代。2014 年 4 月 6 日调查，先到西坑村，再到肥窑自窑村，遇村民相送一自捡的瓷刀，其上刻有文字。然转遍山体及周围，仅发现大量烧痕，并无材料所说的大量瓷片堆积层，更不见珠光青瓷。侯山窑在深桥镇赤水溪村西南的侯山上，宋代，面积约 1 万平方米，村委派人带路寻找，仅见窑砖、瓦片，不见窑渣、碎瓷。

444. 肥窑遗瓷刀及匣钵片 宋。

445. 肥窑遗址

17. 碗洋窑 位于福建省莆田市荔城区西天尾镇碗洋村小学后及两侧。宋元。遗迹散布范围约 3000 平方米。采集有碗、盆、碟、盘、杯等残片。多为青瓷，内底心处有的印朵花，多为涩圈叠烧。

446. 碗洋窑青釉器物残片 元。

447. 碗洋窑遗址

18. 云居窑 位于福建省仙游县度尾镇霞溪村西。北宋。总面积约 5000 平方米。地表散落大量的碎瓷片、匣钵、垫柱等。主烧青白瓷。

448. 云居窑青白釉碗片 宋。

449. 云居窑遗址

19. 碗边窑 位于福建省仙游县度尾镇埔尾村东北面山坡上。宋代。遗址面积约 500 平方米。该窑主产青白瓷，有的虽有篦纹，釉色也稍偏黄，但不是真正意义上的珠光青瓷，而是青白瓷。相传有 99 窑之说。

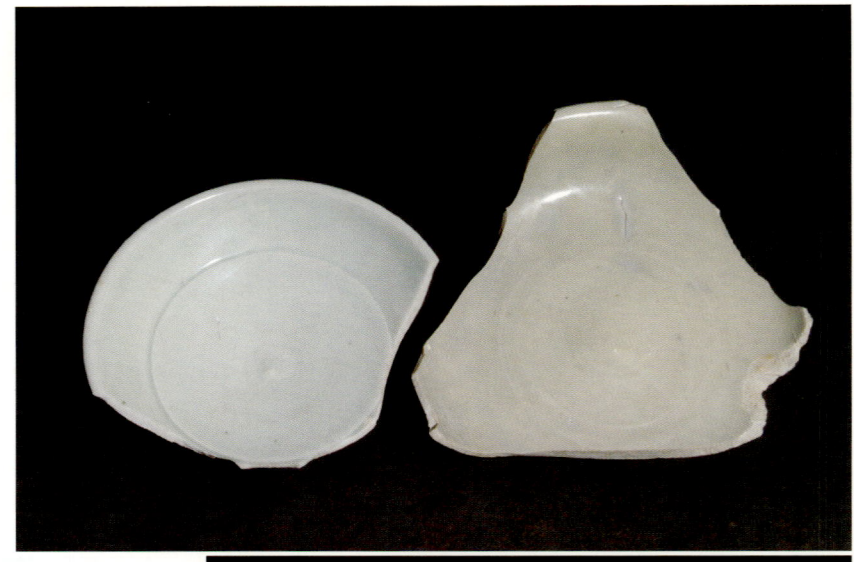

450. 埔尾窑遗址 在公路左侧小山包上。

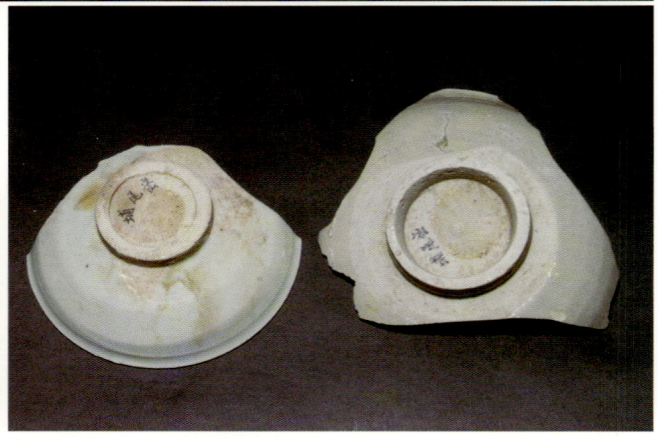

451. 埔尾窑青白釉盘片 宋。

20. 圣山窑 位于福建省仙游县度尾镇圣山村东北约900米的沟壑里。南宋。费尽周折，经村干部带路终于找到窑址，发现部分瓷片标本，有青瓷、青白瓷，年代为宋南晚期。该窑未发现珠光青瓷。

452. 圣山窑瓶罐残片 宋。

453. 圣山窑匣钵、垫柱 宋。

454. 圣山窑遗址在远处的山谷里

21. 建窑 位于福建省建阳市水吉镇池中、后井村旁。遗迹分布于芦花坪、大路后门、牛皮崙、庵尾山、源头坑、水尾岚、营长墘、七里岚等8处，总面积近约30万平方米。建窑创烧于唐末，盛于两宋，元代中后期走向衰落直至停烧。其窑变产生的兔毫斑、油滴斑、鹧鸪斑、曜变的效果震撼世人。建窑不仅烧造黑釉瓷，而且生产青瓷、青白瓷（叶文程、林忠干著《建窑瓷鉴定与鉴赏》，江西美术出版社2000年10月版第8、9、17页），笔者在遗址（原始堆积未曾翻动过）发现了很多青瓷碎片，可惜皆为素面，不见纹饰，非珠光青瓷。《中国古陶瓷图典》（文物出版社1998年版第275页）述建阳窑"有珠光青瓷碗，多在碗心一周刮釉作涩圈支烧。"在建阳白马前窑确有这类"涩圈"珠光青瓷。但从其对建阳窑的表述看，所指为水吉建窑，不包含白马前窑。我们在水吉窑址现场仅发现了一小片标准的珠光青瓷（图455），也许能说明点什么，感觉上应有烧制珠光青瓷，但仅凭这点恐难下结论，有待继续考察。

455. 建窑青釉刻划花碗片 宋。

456. 建窑其他青釉、青白釉、黑釉瓷残片 宋。

457. 建窑遗址

458. 华家山窑青白釉瓷残片 宋。

459. 华家山窑在这美丽的山谷里

22. 华家山窑 位于福建省建阳市莒口镇华家山毛竹采育场东北，包括碗厂、中窑、南窑三处，分布绵亘近10公里。北宋晚期至南宋晚期。主要产品为青白瓷、白瓷。器形有碗、钵、盘、洗、杯、瓶、执壶、罐、盒等。盛行刻划和模印装饰，常见莲花、菊花、牡丹、云气、篦划纹及双鱼、芦雁、婴戏等。烧制方法以支圈组合窑具覆烧为主，同时有托座叠烧、匣钵正置仰烧法。该窑未发现珠光青瓷。

23. 大口窑 位于福建省浦城县水北镇黄碧村。该窑始烧于北宋中晚期，兴盛于南宋，延续至元代初期。遗物堆积范围约 5 万平方米，民间相传有窑炉 36 座。该窑产品种类极为丰富，以青白釉为大宗，兼烧青釉和褐色釉器。青白釉品种有碗、盆、碟、罐、执壶、水注、瓶、盒、炉、灯盏、动物小玩具等。青釉器和褐色釉器，可辨器形的有执壶、水注、盖罐、六角双耳瓶等。青白釉器胎骨呈白色，质地细腻、坚致。器物造型轻盈秀丽。装饰手法，模印为主，刻划次之。该窑未发现珠光青瓷。

460. 大口窑青白釉、酱釉器物残片 宋。

461. 大口窑遗址

24. 半路窑 位于福建省浦城县水北镇东路村。元代。堆积范围约 3000 平方米，以青瓷为主，兼烧青白瓷、黑釉瓷。器物有碗、盆、盏、高足杯、灯盏等。器物一般口沿较薄，至底部增厚，圈足露胎，多为印花装饰，有菊花纹、鸭纹、双鱼纹等。然皆为元代遗物，与珠光青瓷截然不同。

462. 半路窑器物残片 元。

25. 官山窑 位于福建省顺昌县埔上乡连坑村前墩后。宋元。窑址有2处，面积约7000平方米。有碗、碟、瓶、罐等。主要为青白釉，胎细白，制作较规整；少量黑釉。多采用支圈组合覆烧致芒口。

463. 官山窑器物残片 宋。

464. 官山窑遗址

465. 官山窑青白釉印花碟片 宋。

466. 官山窑青白釉碟片 宋。

467. 官山窑刻印花碗片 宋。

26. 鳌头窑 位于福建省漳平市永福镇西山村鳌头自然村西南。遗迹范围东西约 1.5 公里，南北约 1 公里，分布于东寨山、塘坑头、龙仔坑、石鼓仓、平坑、上玉盂、岭脚、古井潭、内洋头等 9 处，总面积约 10 万平方米。主产青白瓷，胎质细腻洁白，技艺精湛，可与景德镇窑相媲美。器形种类有碗、盏、盘、碟、杯、罐、瓶、执壶、盏托、炉等多种，刻划花装饰，纹样清晰，繁缛稠密，加上釉面特有的质感，让人爱不释手。器物内底多见鹿纹装饰，外加菱形双框，着意表达。也有印花、贴花、镂雕等装饰。民间相传因此处产瓷质地好、开片，与皇室用瓷相似，十八座窑瓷未及出窑，便被禁烧封存。

468. 鳌头窑青白釉刻划花器物残片 宋。

469. 鳌头窑青白釉刻划花器物残片 宋。

470. 鳌头窑青白釉器物残片 宋。

471. 鳌头窑青白釉碗 宋。（永福民俗馆藏）

472. 鳌头窑匣钵、垫饼

473. 鳌头窑遗址

27. 垇瑶窑 位于福建省三明市三元区中村乡垇瑶村，以珠山为中心，包括珠山、蛇头山、垇窑后山、小学后山等地，面积约10万平方米。该窑创烧于北宋，南宋中晚至元初达到鼎盛，元代中晚期衰落。以青白瓷为主，兼有少量酱黑釉瓷，器形有碗、碟、盘、炉等，多见刻划花间饰篦纹，纹样简约。以漏斗型匣钵装烧。为青白瓷特征，非珠光青瓷。

474. 垇瑶窑青白釉器物残片等 宋。

28. 横列窑 位于福建省闽侯县鸿尾乡桥头村横列自然村千里洋。宋代。遗迹散布6个山头，俗称碗窑山，面积约3万平方米。踏遍全部遗址发现大量青白瓷、黑釉瓷、青瓷碎片及匣钵、垫饼等，未发现珠光青瓷。

475. 横列窑青白釉瓷残片 宋。　　　　　　　　　　　476. 横列窑遗址

29. 义窑 位于福建省闽清县东桥镇义窑村和青窑村,沿公路两侧 10 公里,15 座山头均有遗物堆积,为宋元时期福建规模最大的青白瓷窑场。南宋晚至元代。产品有碗、碟、洗、杯、壶、盒、盏托、水丞、研钵等。多为青白瓷,少量黑釉瓷。主要有莲、葵、菊、篦划等纹饰,"福""寿"等铭文。以漏斗状和筒状匣钵装烧。有人认为该窑有珠光青瓷,其实虽然纹饰相近,但其施釉都是青白釉,釉色发黄是因烧成气氛没控制好,不是珠光青瓷。

477. 义窑青白釉刻花花器物及残片 宋元。

478. 义窑青白釉器物 宋元。

479. 义窑青白釉瓷片、匣钵、垫圈 宋元。

480. 义窑遗址

30. 大箬窑 位于闽清县东桥镇大箬村，宋代。面积约 3000 平方米，主产青白瓷。与义窑类似。

481. 大箬窑青白釉器物残片 宋。

482. 大箬窑遗址

31. 魁岐窑 位于福建省连江县敖江镇敖江南岸魁岐村，南宋。分布范围约 4000 平方米，产品有碗、碟、盏、瓶、罐。主要为刻花装饰，风格及纹样与耀州窑接近，应归耀州窑系，非珠光青瓷窑。

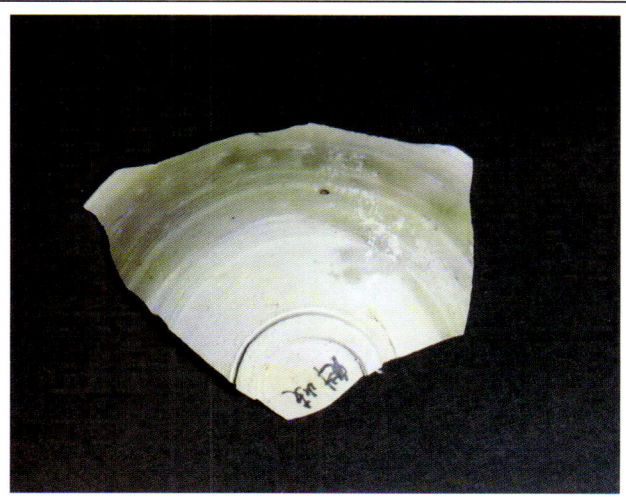

483-1. 魁岐窑刻花菊纹盏片 宋。

483-2. 魁岐窑青釉刻花器物残片 宋。

32. 东山窑 位于福建省霞浦县柏洋乡董墩村东山自然村。宋代。遗迹遍布山坡，面积 5000 多平方米。主产青白瓷，有的釉色稍偏黄。多数素面，部分有简单的刻划花。使用漏斗形匣钵。据博物馆方面介绍，该窑产品种类丰富，青瓷、青白瓷、黑釉瓷皆有。

484. 东山窑青白釉器物残片及匣钵 宋。

33. 硋窑 位于福建省周宁县泗桥乡硋窑村。宋元至明。据介绍在村东数里范围内皆有发现窑址遗迹，堆积层甚厚。器物种类有碗、碟、盘、洗、执壶、瓶、盏、高足杯等。釉色青白，有的近乎白色。有不少篦纹刻划花者，内底有双鱼或单鱼。使用漏斗形匣钵。村里至今有"瓷窑百座"的传说。

485. 硋窑青白釉器物残片 宋。

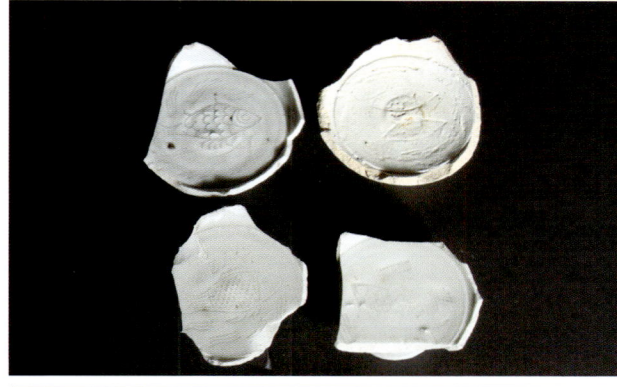

486. 硋窑青白釉鱼纹碗残片 宋。

487. 硋窑青白釉器物残片 宋元。

488. 硋窑遗址

34. 汉灶窑 位于浙江省金华市雅畈镇汉灶村。五代。窑址规模大，瓷片俯拾即是。

489. 汉灶窑青釉盆 五代。

490. 汉灶窑青釉碗 五代。

491. 汉灶窑遗址

35. 铁店窑 位于浙江省金华市琅琊镇铁店村。宋元。已发现窑址三处。主产乳浊釉瓷和青瓷，其中乳浊釉瓷最具代表性，也是该窑主流产品。主要有碗、碟、盘、杯、鼓钉洗、鬲式炉和花盆等。器物多素面无纹。为南方地区少有的仿钧窑瓷。其余为青釉瓷，涩圈裸烧。

492. 铁店窑乳浊釉、青釉器物残片 元。

493. 铁店窑青釉碗片 元。

494. 铁店窑遗址

36. 碗坑塘窑 位于浙江省永康市东城街道颜库村西南碗坑塘。宋。窑址范围不大。主烧青瓷，品种较多，有粗有细。多数素面无纹饰，只有少量有印花装饰，属越窑类型。以M型匣钵装烧。

495. 碗坑塘窑青釉器物残片　宋。

496. 碗坑塘窑青釉碗片　宋。

497. 碗坑塘窑匣钵　宋。

37. 葛府窑 位于浙江省东阳市南马镇葛府村。宋元。产品有碗、盘、洗、壶、杯、罐、盏托、盒等。以碗为大宗，多素面，少量有刻花、印花装饰。晚期釉色向"龙泉色"靠近。

498. 葛府窑青釉器物残片　宋。

189

499. 东阳博物馆

500. 葛府窑遗址

38. 歌山窑 位于浙江省东阳市歌山镇象塘村南。唐至北宋。唐中晚期产品以碗为主，玉璧底。北宋有碗、罐、盏托、执壶等，底部圈足。碗类全釉，釉色青黄。多素面无纹饰。

501. 歌山窑青釉器物残片 宋。

502. 歌山窑器物残片 宋。

503. 歌山窑遗址

39. 天目窑（遗址群） 位于浙江省临安市西天目山。北宋至元。遗迹主要分布于於潜镇的敖干水库、田干、俞家山、松毛坞等地，总面积约6平方公里。以青白瓷为主，兼烧青瓷、黑釉瓷、酱釉瓷等。产品有碗、盏、碟、盘、杯、瓶、壶、钵、罐、炉、盅、盒、灯、盂、注等20多种。种类繁多，制作精巧，装饰技法有刻花、划花、印花、点彩等，盒面纹样丰富，器物内底常有文字。有人认为日本所藏"天目碗"或产于此。

40. 上林湖窑

位于浙江省慈溪市上林湖一带，共有唐代至北宋窑址117处，为越窑中心，是"秘色瓷"产地，所烧青瓷代表了当时的最高水平。窑炉为龙窑，M形匣钵装烧。有碗、盏、盘、碟、杯、盒、洗、罐、壶、瓶、钵、盆、盏托、盂、灯、炉、釜、枕等，种类繁多，造型优美，器形规整。胎色灰白，胎壁薄，胎质细腻，釉色青黄、青灰，釉面莹润。唐早期青瓷偶有刻花，中期刻花明显增多，花纹以荷花为主；晚唐时期，刻花又再次少见，多素面，直至五代，刻花依然少见；北宋早期，开始盛行纤细划花，底部多裹足，以瓷质垫圈垫烧；北宋中期，刻划兼施，纹样变的繁缛稠密，器身、盒盖往往是满面刻划，器物釉面更加光滑润泽；北宋晚期，产品变粗，釉面变灰暗；划花减少，单纯的刻花增多，纹样变得简单草率，远不及早中期那样的精致。纹样多见莲花、牡丹、菊花、波涛纹、鹦鹉、摩羯、龙纹、蝴蝶、双凤、人物纹等；北宋晚期以后产品质量急剧下降，规模大大缩小该窑未发现珠光青瓷。

504. 天目窑器物残片 宋。
505. 荷花芯窑青釉瓷残片 唐。
506. 上林湖窑青釉划花瓷 宋。
507. 上林湖越窑遗址

41. 小仙坛窑

位于浙江省绍兴市上虞区上浦镇四峰村北面山包。东汉。分布于大园坪、小仙坛、小陆岙三处，是中国成熟瓷器烧制成功的标志性窑口。产品以罐、罂、洗、罍、盆等大器数量较多，碗、碟之类小器物相对较少。胎质细腻，胎色灰白，釉色青黄、青。釉面匀净、光亮，多有细小开片，烧成温度高达1310℃。装饰多以拍印、刻、雕、贴塑等手法，有几何纹、席纹、水波纹、铺兽纹等。

508. 小仙坛窑青釉器物残片　东汉。

509. 小仙坛窑遗址

42. 帐子山窑

位于浙江省上虞市上浦镇夏家埠村帐子山南麓。唐至北宋中期。鼎盛期胎质细、胎壁薄，裹足、全釉；釉色深青，釉面匀净，轻细刻划花。M型匣钵装烧。

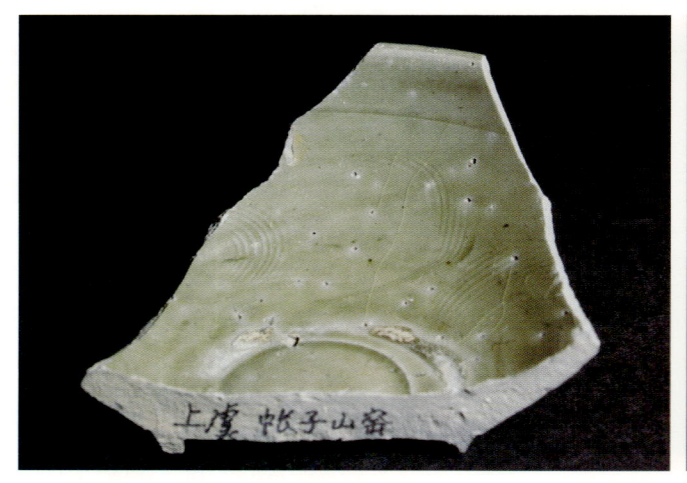

510. 帐子山窑青釉刻划花碗片　宋，高5.9cm、口径14.8cm、足径5.8cm，弧腹，口微敛，唇部稍向外翻。底部厚，胎灰白，青黄釉，内饰篦纹，稍有开片。

511. 帐子山窑青釉刻划花粉盒残片 宋。釉色青绿，底部裹足。

512. 帐子山窑青釉器物残片 宋。

513. 帐子山窑遗址

43. 傅家岭窑
位于浙江省上虞市上浦镇东山村傅家岭。与窑寺前窑同属一类。未发现珠光青瓷。

514. 傅家岭窑器物残片 宋。

515. 傅家岭窑划花盘片 宋。

516. 傅家岭窑划花盘片 宋。

517. 傅家岭窑青釉托 宋。

44. 窑寺前窑 位于浙江省上虞市上浦镇东山村窑寺前，是有明确记载五代至北宋时期烧制贡瓷的青瓷窑址，越窑全盛时期代表性窑口之一。面积约1万平方米。产品主要有碗、碟、盘、杯、罐、盆、盏、炉等。以M型匣钵装烧。器物釉面光亮，釉色青黄、青绿。装饰技法刻、划、印，有草叶、水波、莲荷、牡丹纹，鹦鹉、双蝶、飞鹤纹等。其中少量器物内里刻划花不同于越窑瓷，而与耀州窑类似（图518）。

518. 窑寺前窑青釉刻花碗片 宋。

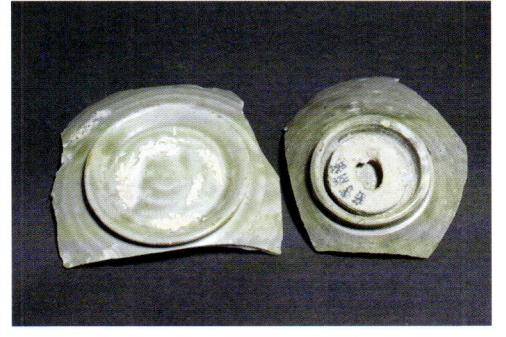

519. 窑寺前窑青釉器物残片 宋。

520. 窑寺前窑遗址

45. 沙埠窑 位于浙江省台州市黄岩区沙埠、高桥、院桥三镇之间，约4平方公里，含竺家岭、凤凰山、下山头、窑坦、金家岙、下余、瓦瓷窑等。晚唐至北宋。宋代以碗、碟、盘、壶、瓶为主。M型匣钵装烧。釉色青中泛黄，有的泛青带绿，部分为酱褐釉。胎体较厚，胎色灰白，施满釉，釉色青黄，釉面玻璃质，不很透。刻、划、印技法并用，间饰篦纹，纹样繁缛。刻花较深较重，具耀州窑风格。

521. 沙埠窑青釉刻划花碗片 宋。

522. 沙埠窑青釉刻划碗片 宋。

523. 沙埠窑遗址

46. 外三甲窑 位于浙江省瑞安梅屿乡外三甲村。两宋。产品有碗、盘、杯、碟、罐、壶、盏托、粉盆、香炉、灯盏、烛台、钵等。胎质灰白，质地细密坚硬；大多通体施釉；制作规整，底足有外撇微卷、卧足、平直圆足等型；刻划纹饰线条纤细，生动流畅，有圆形花草、缠枝花草、双蝶花鸟、云气以及折扇、篦划纹等；以M型匣钵、瓷质垫圈垫烧。后期质量下降。

524. 外三甲窑青瓷、青白瓷残片 宋。

196

525. 外三甲窑青釉刻印花碗片 宋。

526. 外三甲窑青釉刻印花碗片 宋。

527. 外三甲窑 M 型匣钵

528. 外三甲村

529. 外三甲窑遗址

47. 溪口窑 位于浙江省龙泉市溪口镇瓦窑垟一带，共有宋元窑址13处。溪口窑烧造时间较晚，主要在南宋中期到元代。产品与龙泉窑主流产品不同薄胎厚釉、灰胎灰釉，釉面开片，被认为是哥窑或南宋官窑制品。在溪口片区窑址未发现珠光青瓷。

530. 溪口窑器物残片 宋。

531. 溪口窑器物残片 宋元。

532. 溪口窑匣钵、垫片 宋。

533. 溪口窑遗址

48. 西村窑 位于广东省广州市西村增埗河东岸岗地上。北宋。皇帝岗是西村窑场的主要遗存点。烧制产品有青瓷、青白瓷和黑酱釉，还有少量低温绿釉器。器形有碗、盏、碟、盆、壶、军持、罐、盒、盂、注子、净瓶、灯、薰炉、烛台、枕、人物动物雕塑等。装饰技法有刻划花、印花、彩绘、点彩和镂孔。西村窑是当时岭南地区生产外销瓷器的重要窑场，笔者前往考察，窑场遗迹现已不复存在。综合历年有关西村窑的发掘调查情况，认为西村窑未曾烧制珠光青瓷。

534. 西村窑器物 宋。（广东省博物馆藏）

535. 西村窑出土器物 宋。（广州市博物馆藏）

199

49. 奇石窑 位于广东省佛山市南海区狮山镇新境村奇石自然村，唐宋。虽有窑址多处但今已不多见，主要在奇石小学侧后的宝头岗等山包，遗迹多见陶器碎片和窑砖。从以往资料看，宋代器物装饰有印花、刻花、彩绘三种，有些器物刻印有"嘉祐口口"（公元1056-1063年）、"政和六年"（公元1116年）等北宋年号，年代较早。在窑址现场未见珠光青瓷。

536. 奇石窑陶瓷片 宋。

537. 奇石窑所在村

50. 湖田窑 位于江西省景德镇市珠山区湖田村。五代至明。由于特殊的湖绿釉色和胎白、细、薄、透、轻而具有"薄如纸、声如磬、青如天、明如镜"的特点，又有"影青"、"映青"、"隐青"之称。种类有碗、盘、碟、洗、盏、执壶、盒、枕、炉、盆、罐等。特点：一是釉色青白。即青中透白，白中泛青，亦青亦白，聚釉处湖绿色，清澈透明，美如湖水；二是质坚壁薄。胎质细白，壁薄如纸，烧结度高，叩之声如磬。装饰技法以刻划花为主，也有印花、雕塑等。纹饰以莲荷、牡丹、菊花等为主，线条流畅、婉转灵活，纹样稠密。采用漏斗形匣钵，以泥质垫饼垫烧。南宋印花渐多，覆烧占据多数。纹饰虽与珠光青瓷相通，但是截然不同的两类瓷。

538. 湖田窑青白釉器物残片 宋。

539. 湖田窑青白釉刻划花碗（带匣钵）宋。

540. 湖田窑遗址

51. 盈田窑 位于江西省景德镇市湘湖镇盈田村。五代至北宋。这里背山近水，北濒南河，周围有14处窑业遗存，分布在盈田及附近的山脚下和花儿滩等自然村，共约3万平方米。产品类型与湖田窑相差不大，有碗、盘、碟、洗、盏、执壶、盒、枕、炉、等。造型挺拔秀丽，胎坚壁薄，圈足规整，胎质细腻、洁白，釉色晶莹剔透，玻璃质，开片。刻划花工艺精湛，纹饰繁缛稠密，线条婉转流畅。

541. 盈田窑青白釉浅碗 宋，高4.5cm、口径17.3cm、足径5.4cm。内壁刻划花草纹间加篦纹。

542. 盈田窑青白釉器物残片 宋。

52. 胜梅亭窑
位于江西省景德镇市昌江区竟成镇杨梅亭村，又称杨梅亭窑。五代至宋。胜梅亭窑烧造青瓷、白瓷和青白瓷。造型种类与湖田窑大体一致。其中青瓷最早，白瓷次之，青白瓷最晚。青瓷、白瓷都用支烧方法，碗的外底及碗心均有支烧痕。青白瓷生产规模最大，质量最好。青瓷釉色偏灰，微带绿色。大量运用刻划花、印花、雕塑等装饰，常见的荷花、牡丹、菊花、水波、婴戏、龙鱼等纹饰。有的采用匣钵覆烧法，口沿处刮釉芒口；有的以漏斗形匣钵泥质垫饼垫烧。

543. 胜梅亭窑青白釉器物残片 宋。

544. 胜梅亭窑匣钵　宋。

53. 黄泥头窑　位于江西省景德镇市昌江区竟成镇黄泥头村小学北侧。五代至北宋。遗址面积约1.3万平方米，其中西面堆积以青釉瓷、白瓷为主，其青瓷为灰胎，质地坚硬，胎釉结合紧密，釉色莹润，有似越窑"秘色瓷"；白瓷胎白细腻，透光度好，瓷化程度相当高，釉色纯正润泽。东面堆积以青白瓷为主，器型有花口碗、唇口碗、浅盘、注子等。采用漏斗形匣钵，以泥质垫饼垫烧。

545. 黄泥头窑青白釉碗片　宋。

54. 耀州窑 位于陕西省铜川市黄堡镇及陈炉镇一带，因古属耀州故名。年代自唐至清。主窑址区南起新村凤凰沟，北至水泥厂泥池，东至韦家塬，西达吕家崖，南北沿漆河两岸长约5公里，东西宽处约4公里，有"十里窑场"之说，烧造时间从唐至金；陈炉镇一带则一直烧至明清至今未曾间断。笔者在窑址先后到新村、凤凰沟、吕家堰、灯泡厂、电磁厂、韦家塬下，逆漆河而上到纺织厂站。在已发掘过的唐宋耀州窑遗址现场，所见窑炉完整，通风道、燃烧室、窑床、通风孔、烟囱皆清晰可见，墙壁挂满了瓷片标本。自新村逆河而上一直到黄堡镇倒流壶塑雕，沿途见峭壁上多有遗迹。耀州窑先后发掘发现窑炉100多座，型制多为馒头窑，所不同的是唐代烧柴，宋金多烧煤。采用M型匣钵或筒型匣钵装烧。宋代一匣一器，器底与匣钵间以泥质垫饼、垫圈间隔，金代出现大量叠烧的情况。器物种类极为丰富，有碗、盏、盘、碟、洗、杯、盆、瓶、壶、罐、灯、盒、枕、盖碗、供盘、花插、樽、鼎炉、薰炉等。胎色为灰色，胎质精细、致密。除底足端面外全器施釉。釉色青绿或青黄，其中的"橄榄色"是耀州窑的代表釉色。在装饰方面剔、刻、划工艺独特，刀法犀利，活泼生动，具有浅浮雕美感，被誉为宋代刻花青瓷和印花青瓷之冠。纹样丰富多彩，据统计仅北宋的装饰纹样就达200多种。在刻划花工艺上，对龙泉窑系刻划花青瓷及景德镇窑系划花青白瓷都有一定的影响，对珠光青瓷也有间接的影响。

546. 耀州窑青釉刻划花瓶 北宋。（陕西历史博物馆藏）

547. 耀州窑青釉刻划花碗 金。（耀州窑博物馆藏）

548. 耀州窑青釉刻划花碗片 北宋。（陕西历史博物馆）

549. 耀州窑青釉刻划花鹿纹碗 金。（耀州窑博物馆藏）

550. 耀州窑青釉刻花盘 金。（耀州窑博物馆藏）

551. 耀州窑青釉印花碗 北宋。（厦门博物馆耀州窑精品展）

552. 耀州窑青釉复层式折扇纹熏炉 北宋。
（北京艺术博物馆耀州窑精品展）

553. 耀州窑青釉刻花牡丹纹盘片 北宋。
（北京艺术博物馆耀州窑精品展）

554. 耀州窑青釉刻花碟片 北宋。

555. 耀州窑青釉刻花器盖片 北宋。

556. 耀州窑青釉刻划花三鱼纹碗片 北宋。

557. 耀州窑青釉刻划花碗片 北宋。

558. 耀州窑青釉刻印花碗（碟）片 北宋。

559. 耀州窑青釉葵口碗片 北宋。

560. 耀州窑青釉刻印花碗（盘）片 金（耀州窑博物馆藏）

561. 耀州窑黑釉酱釉器物残片 北宋。

562. 耀州窑M型匣钵 北宋。

563. 座落窑址的"耀州窑博物馆"

564. 座落于铜川市王益区黄堡镇耀州窑标志性作品

565. 河南省博物院　无限遐想在其中。

55. 汝窑　位于河南省宝丰县大营镇清凉寺村。为宋代五大名窑之首，遗址面积约80万平方米，分为四个区，三个民窑烧造区，一个汝官窑中心烧造区。造型种类有瓶、盒、樽、碗、洗、盘、碟、盏、壶、钵、炉、盏托、套盒、器盖、水仙盆等20余种，目前有案可查的传世品仅有77件。汝窑主用漏斗形匣钵，一匣一器仰烧而成。汝窑瓷造型秀丽，圈足外裹，胎壁较薄，胎质相对疏松，有一定的吸水率，烧结度不很高。胎色灰或灰白，似香灰，故俗称"香灰胎"。釉料有以"玛瑙末为釉"的记述，多数施满釉，垫饼垫圈支烧，支钉小而坚，所留痕迹小。釉色天青、天蓝色，如"雨过天晴"般明澈，也有的偏绿、偏黄色。釉面开片，有的如鱼鳞状，有的如冰裂纹。汝窑产品多数以釉色取胜，少有装饰，但也有少部分表面饰有花纹图案，并以莲纹、龙纹为主，以鱼、鸟、鹿纹为常见，以刻花、划花、印花、雕塑为主要手法。如北宋汝窑天蓝釉刻花鹅颈瓶（图566），其颈部和腹部刻两折枝莲花纹，若隐若现，自然淡雅；釉面温润，釉色天蓝，如同雨过天晴，若隐若现。

566. 汝窑天蓝釉刻花鹅颈瓶　北宋。1987年宝丰清凉寺出土，河南省博物馆藏。

567. 汝窑出土器物 宋。（河南省博物馆藏）

568. 汝窑天青釉碗片 宋。

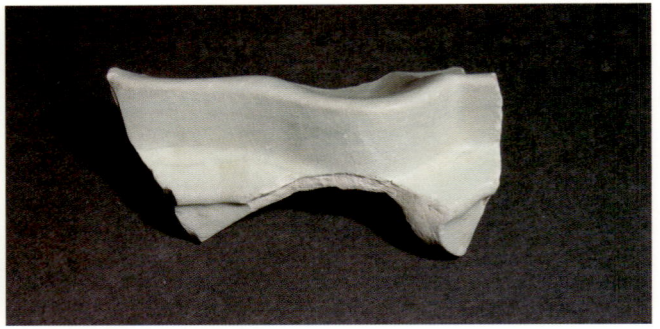

569. 汝窑天青釉粉盒片 宋。

570. 汝窑、张公巷窑匣钵

571. 汝窑遗址

56. 临汝窑
位于河南省临汝县（今汝州市）。窑址包括严和店、轧花沟、桃木沟、陈家庄、蜈蚣山、刘家庄、东沟、大峪班庄、石板河、陈沟、黄庄、岗窑等处，以严和店窑（汝州市蟒川乡）为代表。北宋中期至金代。考察临汝窑重点在青瓷，严和店窑青瓷以盘碗为多，有的光素无纹饰，有的饰以印花，少数为刻花，无划花。印花中的海水纹为临汝窑独特的风格。东沟窑主烧钧窑系青瓷，多见玫瑰紫釉色，既有钧窑特色，又有汝窑特征，"汝钧不分"。同时临汝窑又有类耀州窑的青釉印花瓷，可谓集耀、汝、钧三窑于一身，但与珠光青瓷不属一类，也没有直接的传承关系。

572. 严和店窑青釉印花碗（盘）片 宋。

573. 严和店窑青釉印花盘片 宋，高4.7cm、口径16.2cm、足径5.4cm。

574. 严和店窑青釉印花碗片 宋。

575. 严和店窑器物残片 宋。

576. 东沟窑器物残片 宋。

57. 定窑 位于河北省曲阳县涧磁村至燕川村一带。定窑创烧于唐，盛于宋、金，终于元，一度为皇室烧制贡瓷，是宋代五大名窑之一。分作涧磁、野北、燕川三个区，东西长约10公里，南北宽约2公里，其中涧磁区规模最大，面积117万平方米，至今还遗存13个"瓷片堆"，窑渣瓷片堆积如山。当地至今流传着"南涧到北涧，金银十八担"的说法，为当时瓷业兴盛的鲜活写照。定窑以白釉瓷著称，兼烧黑釉、酱釉、绿釉等瓷。定窑所用瓷土"品质极佳"，胎质精细、洁白、坚致；瓷化程度高，胎釉结合紧密，釉色白，不开片，北宋中后期覆烧法出现之后，胎体变薄，至金代釉色渐黄。器物装饰纹样丰富多彩，北宋早中期，主要以深刀雕刻，少量采用针状工具浅细花刻，纹样趋简，以莲瓣纹和缠枝牡丹居多；北宋后期至金代，为定窑鼎盛时期，形成了刻、划、印并用，深浅有致、线条流畅、纹样清晰的独创风格，将刻花、划花、印花工艺水平推向极致。纹样多见莲瓣、卷草、牡丹等植物纹，鹿、龙、凤、螭、鱼等动物纹以及人物纹。同安窑系珠光青瓷与同时期定窑刻划花工艺有着相似之处，此外定窑个别荷花纹与珠光青瓷荷花纹也近似。

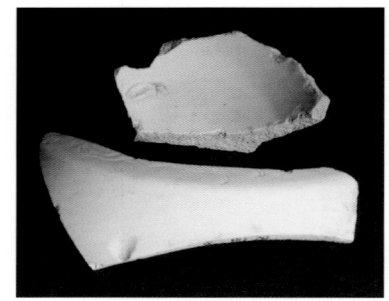

577. 定窑白釉器物残片 唐晚期、北宋早期。

578. 定窑白釉刻花器物残片 北宋中期。

579. 定窑白釉刻花器物残片 北宋晚期。洁白细腻的胎体上盛开的莲花栩栩如生。

580. 定窑白釉印花器物残片 北宋晚期。印花精妙绝伦

581. 定窑燕川区铁锈花如此美妙

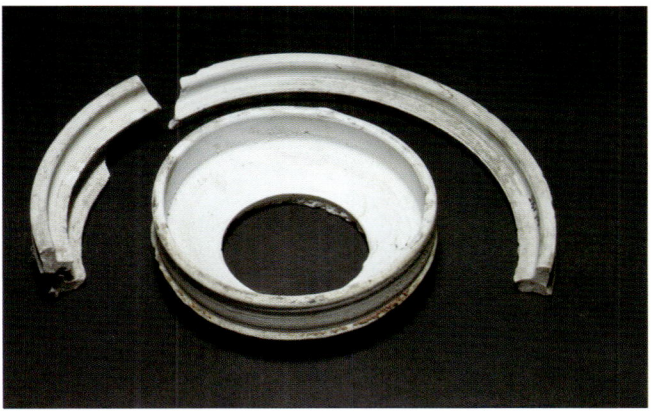

582. 定窑覆烧用支圈、支具

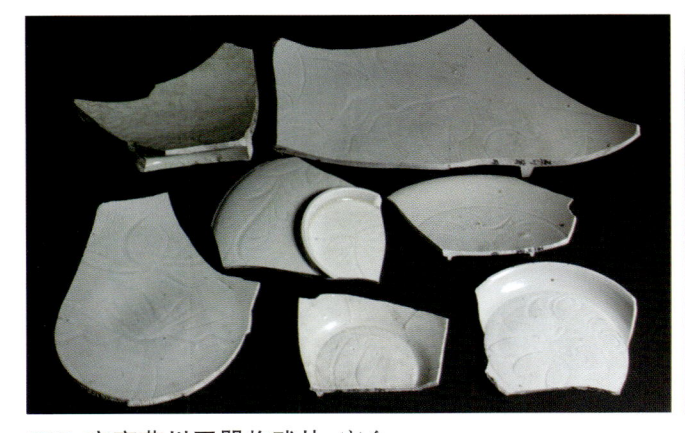

583. 定窑燕川区器物残片 宋金。

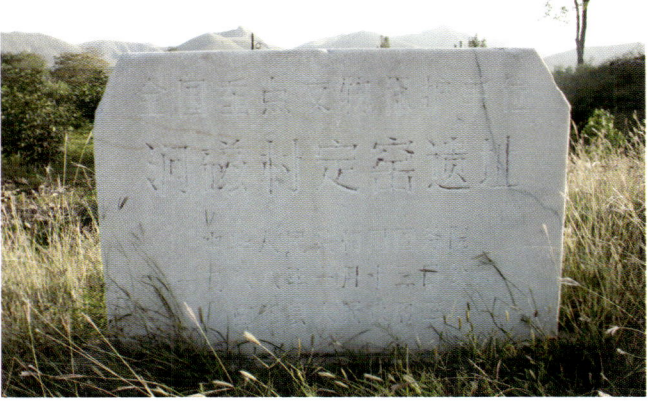

584. 定窑遗址

585. 定窑遗址　主遗址区连绵多个山头，瓷片堆积如山，主管部门将其分编为13个瓷片堆。

58. 铜官窑

又名长沙窑，位于湖南省长沙市望城区铜官镇至石渚湖一带，唐代。已发现遗址19处，面积30余万平方米。分石渚窑区和铜官窑区两部分，主窑区在现石渚河两岸，当地人称之为"瓦渣坪"。窑炉型制为龙窑，普遍不长，以筒形匣钵装烧。产品碗、盏、盘、碟、洗、杯、瓶、壶、盆、钵、盒、罐、灯、枕、炉等，多种多类，造型浑圆，腹部丰满，壁薄体轻。胎质灰白色或香灰色，略含细砂，瓷化程度不很高，烧成温度略低1150℃—1200℃，微带吸水性。胎体表面多施一层白色化妆土，常见剥釉现象。在装饰上，铜官窑是中国釉下彩瓷的发源地，各色各样的人物、走兽、鱼龙、山水、花草等彩色纹样，加之各种书法题记，各种模印贴花等，使得铜官窑斑斓绚丽、异彩纷呈。釉色青釉、酱釉、黑釉、蓝釉、绿釉、铜红釉等多种多样，其中青灰色釉，玻璃质小开片，底足露胎的敞口碗（图586）与同安汀溪窑青灰釉碗相近（但底足形制有明显的不同）。铜官窑结束年代在唐末，尚无出现宋代盛行的刻划花装饰，与珠光青瓷在时间上没有交叉。

586. 铜官窑青釉碗　晚唐，高6.4cm、口径16.5cm、底径6.0cm，圆唇、敛口、青釉色灰。

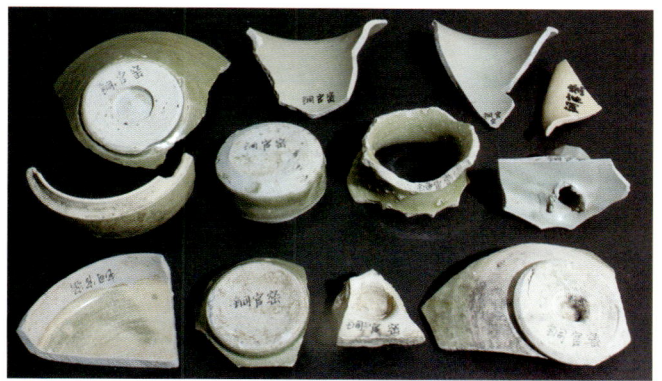

587. 铜官窑青釉器物残片 唐。

588. 铜官窑褐绿彩器物残片 唐。

589. 铜官窑青釉器物残片 唐。

590. 2011年长沙铜官窑遗址石渚坪广场项目动工

591. 长沙铜官窑遗址

后 记

在珠光青瓷研究和本书的编写中，中国古陶瓷研究会原会长、中国古陶瓷学会名誉会长叶文程先生大力指导，无私帮助，畅然为本书题写书名并作序，谨此表示衷心的感谢与崇高的敬意！感谢北京故宫博物院研究员冯小琦，福建省考古研究所原所长栗建安，福建省考古研究所副所长羊泽林，浙江省博物馆副馆长李刚、研究员汤苏婴，浙江省考古研究所书记沈岳明，广东省博物馆原研究员曾广亿，河北博物院研究馆员穆青，陕西省耀州窑博物馆研究员杨瑞余，定窑遗址文物保管所所长杨敬好；感谢厦门市博物馆馆长张仲淳、研究员彭维斌，泉州市博物馆馆长陈建中，漳州市博物馆馆长吴其生，潮州市博物馆副馆长黄舒泓；感谢松溪县副县长蔡松华，龙泉市博物馆原馆长石庭园，闽侯县博物馆原馆长曾江，南安市博物馆馆长杨小川，霞浦县博物馆馆长吴春明，福安县博物馆馆长张玉文，永春县博物馆馆长曾汉祥、德化县文管办主任连明森，安溪县博物馆馆长易曙峰，漳浦县博物馆副馆长林雪铭，颐陶轩潮州窑博物馆馆长李炳炎；感谢所有帮助和支持该项研究的部门、单位和个人。

珠光青瓷研究计划的第二步就要实现了。对一百多个窑址的调查，皆到当地博物馆尽可能多的了解当地古代瓷窑生产的历史概况，请当地的专家给以指导，让调查尽可能面面俱到，以达到最理想的效果。每到一处窑址，首先沿外围一圈做大致了解，找到窑址保护碑拍照，然后横扫或竖切，由外及内圈圈推进、层层深入。无论荆棘丛生、山崖峭壁，无论蚊叮虫咬、日晒雨打，脚崴了，腿伤了，衣服湿透了，皆未挡住前进的脚步。

时间是漫长的，也是短暂的、仓促的。在多年以来的古窑址考察中，无数次向山仰望，唤起无限遐想：一条条窑如一条条龙喷射熊熊的火焰，照耀星空，宛如中华民族的圣火生生不息。如今，"一带一路"倡议的号角再次吹响，勤劳智慧的中国人民将怀揣新的梦想，再次踏海远行，海上丝绸之路如一条纽带连起世界一起腾飞。

当前，对珠光青瓷窑口的调查还远远不够，对一个窑的研究终其一生未可拍板定论，何况这么多地区这么多窑口。对有些窑口而言，只能是蜻蜓点水、走马观花，错误和缺失之处在所难免，敬请各位老师和专家学者批评指正！

接下去，将要跨出海外，沿着海上丝绸之路，找寻异国他乡的珠光青瓷，这是最后一步，也是最为艰难的一步，仅凭个人之力难以实现，期望政府有关部门的支持和社会有识之士的合作，以实现珠光青瓷研究的战略构想。

杜志政

2017年8月5日